POPULARMUSIK IM KONTEXT

Songs, Hits und ihre Zeit
von den Comedian Harmonists bis zum Hip-Hop

Materialien für den fächerverbindenden Unterricht
an allgemein bildenden Schulen
ab Schulstufe/Klasse 8

Spielbuch
Einfache Liedbegleitungen und flexible Klassenarrangements

Herausgegeben von
Ursel Lindner und Wieland Schmid

Arrangiert von
Stefan Bauer und André Schmidt

unter Mitarbeit von
Markus Böhm, Sabine Kubik, Robert Liebel und Ludwig Schmid

Helbling

Rum/Innsbruck · Esslingen

Zu diesem Werk sind erhältlich:
- **Schülerband:** HI-S5866, ISBN 978-3-85061-360-6
- **3 CDs mit allen Originalaufnahmen:** HI-S5868CD, ISBN 978-3-85061-362-0
- **1 CD mit Playbacks:** HI-S5926CD, ISBN 978-3-85061-391-0
- **DVD mit Filmausschnitten und Videoclips:** HI-S5927DVD, ISBN 978-3-85061-392-7
- **Lehrerband:** HI-S5867, ISBN 978-3-85061-361-3

Redaktion: Helmar Breig
Umschlag: Kassler Grafik-Design, Leipzig
Umschlagmotive: © Ullstein/Hessisches Landesmuseum, Darmstadt/dpa picture-alliance
Layout, Satz und Notensatz: Kontrapunkt Satzstudio Bautzen
Druck: Bieffe s.r.l., Recanati

HI-S5869
ISBN 978-3-85061-363-7

1. Auflage A1 ^{54321} / 2012 2011 2010 2009 2008
Alle Drucke dieser Auflage können im Unterricht nebeneinander benutzt werden, sie sind untereinander unverändert. Die letzte Zahl bezeichnet das Jahr des Drucks.

© 2008 Helbling, Rum/Innsbruck · Esslingen
Alle Rechte vorbehalten

Dieses Werk ist in allen seinen Teilen urheberrechtlich geschützt. Jegliche Verwendung außerhalb der engen Grenzen des Urheberrechts bedarf der vorherigen schriftlichen Zustimmung des Verlages. Dies gilt insbesondere für Vervielfältigungen wie Fotokopie, Mikroverfilmung, Einspeicherung und Verarbeitung in elektronischen Medien sowie für Übersetzungen – auch bei einer entsprechenden Nutzung für Unterrichtszwecke.

Inhaltsverzeichnis

	Spielbuch	Schülerband
Vorwort	6	
Hinweise zu den Arrangements	7	

ARRANGEMENTS IN ALPHABETISCHER FOLGE

Across the Universe (The Beatles)
Begleitmodell für Band, Begleitsatz für Melodie-Instrumente
oder vokale Stimmen (dazu 3. Stimme im Bratschen-Schlüssel) .... 9 — 84

Africa Unite (Bob Marley)
Begleitmodell für Klavier (optional Melodie-Instrumente und Bass), Rhythmus-Pattern
für Band, E-Bass-Grifftabelle, Begleitsatz für Stabspiele .... 12 — 108

Aquarela do Brasil (Francisco Alves)
Begleitsatz für Klavier (und Bass optional), Pattern für Percussion .... 14 — 10

Banana Boat Song (Harry Belafonte)
Begleitpattern für Klavier, Pattern E-Bass für jedermann, Begleitsatz für
Melodie-Instrumente oder vokale Stimmen (dazu 3. Stimme im Bratschen-Schlüssel) .... 16 — 36

Beat It (Michael Jackson)
Begleitmodell für Klavier (optional Melodie-Instrumente und Bass),
Pattern für Body-Percussion oder Vocussion, Begleitsatz für Klavier .... 41 — 117

Being for the Benefit of Mr. Kite (The Beatles)
Begleitsatz für Klavier, Begleitsatz für Band,
Pattern für Drumset, E-Bass-Grifftabelle .... 22 — 66

Capri-Fischer (Rudi Schuricke)
Begleitsatz für Klavier .... 26 — 26

Containerlied (Die Toten Hosen)
Begleitsatz für Klavier .... 30 — 162

Dance for Eternity (DJ Kai Tracid)
Spielmodell für Ensemble (Einzelstimmen und Partitur), E-Bass-Grifftabelle .... 32 — 154

Daniel (Elton John)
Begleitsatz für Klavier .... 34 — 92

Deutschland (Die Prinzen)
Begleitsatz für Klavier .... 38 — 164

Die Roboter (Kraftwerk)
Spielmodell für Ensemble (Einzelstimmen und Partitur) .... 44 — 102

Don't Look Back in Anger (Oasis)
Begleitsatz für Melodie-Instrumente oder Streichquartett (dazu 3. Stimme im Bratschen-
Schlüssel), Begleitmodell für Band, Pattern für Drumset, E-Bass-Grifftabelle .... 46 — 142

Green Onions (Booker T. & The MG's)
Spielmodell für Band, Skala zur Improvisation (Blues-Skala in A), Gitarren-
Grifftabelle, E-Bass-Grifftabelle, Beispiel für die Entwicklung einer Improvisation,
Improvisationsanregung für ein Soloinstrument in C und in Es (Alt-Saxofon) .... 50 — 51

Inhaltsverzeichnis

	Spiel- buch	Schüler- band
Griechischer Wein (Udo Jürgens)		
Begleitsatz für Klavier	54	98
Hells Bells (AC/DC)		
Spielmodell für Band	56	114
I Wanna Hold Your Hand (The Beatles)		
Begleitsatz für Klavier (optional Melodie-Instrumente und Bass), Schlagpattern für Gitarre, Begleitmodell (gezupft) für Gitarre, Begleitmodell für E-Bass, Pattern für Drumset, Pattern für Bodypercussion oder Vocussion, E-Bass-Grifftabelle	57	54
Juan Pachanga (Rubén Blades)		
Pattern für Percussion	37	104
La Bohème (Charles Aznavour)		
Begleitsatz für Klavier	59	57
La vie en rose (Edith Piaf)		
Begleitsatz für Klavier	62	23
Lili Marleen (Lale Andersen)		
Begleitsatz für Klavier	64	14
Love Me Tender (Elvis Presley)		
Begleitsatz für Klavier, Begleitsatz für Melodie-Instrumente oder vokale Stimmen, Begleitstimme E-Bass für jedermann	69	40
Material Girl (Madonna)		
Begleitsatz für Klavier, Pattern für Vocussion	65	124
Minstrel Boy (Bob Dylan)		
Begleitsatz für Klavier, Begleitstimme für E-Bass	72	88
My Way (Frank Sinatra)		
Begleitmodelle für Klavier	74	74
Nathalie aus Leningrad (Udo Lindenberg)		
Begleitsatz für Klavier	75	138
Paint it Black (The Rolling Stones)		
Begleitsatz für Klavier	78	62
Proud Mary (Creedence Clearwater Revival)		
Begleitsatz für Klavier, Begleitsatz für Keyboard (oder 3 Melodie-Instrumente), Schlagpattern für Gitarre, Begleitmodell für E-Bass, Pattern für Drumset, Begleitsatz für Stabspiele	80	78
San Francisco (Scott McKenzie)		
Begleitmodell für Klavier, Begleitmodell für E-Bass	85	69
Saturday Night (Frank Sinatra)		
Begleitsatz für Klavier, Begleitmodell für Klavier	82	20
School Days (Chuck Berry)		
Begleitsatz für Klavier, Pattern für E-Bass, Begleitpattern für Melodie-Instrumente, Pattern für Drumset, Begleitmodell E-Bass für jedermann	86	43

Inhaltsverzeichnis

	Spielbuch	Schülerband

Star-Spangled Banner
Begleitsatz für Klavier 89   81

The Ghost of Tom Joad (Bruce Springsteen)
Begleitsatz für Klavier 90   146

This Little Girl of Mine (Ray Charles)
Begleitsatz für Klavier, Pattern für Drumset, E-Bass-Grifftabelle 92   30

This Town Is Not for Me (Johnny Cash)
Begleitsatz für Klavier, Begleitsatz für Ensemble (Violine, E-Gitarre und
Bass-Gitarre), Begleitsatz für 2 Melodie-Instrumente, Pattern für Drumset 94   48

Tutti Frutti (Elvis Presley)
Pattern für Klavier 100   33

Walpurgisnacht (Schandmaul)
Begleitsatz für Band, Pattern für Drumset, E-Bass-Grifftabelle 101   168

White Christmas (Bing Crosby)
Begleitsatz für Klavier 106   17

Who Wants to Live Forever (Queen)
Begleitsatz für Streichquartett, Begleitsatz für Klavier 108   128

Wochenend und Sonnenschein (Comedian Harmonists)
Begleitsatz für Klavier, Begleitsatz für Melodie-Instrumente oder Vokalensemble 115   6

ANHANG

Akkorde mit Grifftabelle für Gitarre 118

Verzeichnis der Arrangements nach Besetzung 122

Vorwort

Mit **„Popularmusik im Kontext"** liegt eine Materialsammlung vor, die unter fächerverbindenden Aspekten die Geschichte von acht Jahrzehnten populärer Musik vermittelt. Durchgängig verfolgt sie ein Konzept, das die Prinzipien „schülerzentrierte und schüleraktivierende Arbeitsweise" sowie „fächerübergreifendes, vernetztes Denken" im Blick behält – dazu zählt auch und gerade das aktive Musizieren. Das „Spielbuch" ergänzt das Angebot an Materialien auf der musikpraktischen Seite und gibt Schülerinnen und Schülern die Möglichkeit, die Songs und Lieder aus „Popularmusik im Kontext" nicht nur zu singen, sondern dank der unterschiedlichen Arrangements auch selbst zu musizieren.

Bei allen Sätzen standen die einfache Spielbarkeit und Umsetzbarkeit bei gleichzeitig größtmöglicher stilistischer Nähe zum Original im Vordergrund. Den Autoren stellte sich bei den Arrangements zu den Songs aus „Popularmusik im Kontext" die Aufgabe, einerseits das gesamte Spektrum aktiven schulischen Musizierens in diesem Band unterzubringen, andererseits stilistisch und klanglich möglichst originalgetreue Arrangements und Spielsätze zu entwerfen. Dabei musste der Kompromiss aus stilistischer Treue und praktischer Realisierbarkeit individuell gefunden werden, denn Rock- und Popmusik lebt vom Sound, von der Besonderheit der jeweiligen Besetzung und von der Klangcharakteristik der typischen elektronischen Instrumente.

Da Schulen nur sehr selten vielseitig ausgestattet sind, andererseits Schülerinnen und Schüler oft erst am Anfang ihrer instrumentalen Ausbildung stehen, stellt sich hier eine besondere Herausforderung für den schulpraktischen Ansatz. Für das eigene, breit angelegte Musizieren und Singen der Titel entstand so eine Vielfalt von Begleitsätzen, von Patterns und von begleitenden Spiel- oder Rhythmusmodellen – je nach Titel für Klavier, für Band oder für Ensemble (instrumental, bei manchen Titeln auch vokal). Nur bei einzelnen Songs musste aus Gründen der Umsetzbarkeit auf ein Arrangement verzichtet werden. Dort steht gegebenenfalls ein Playback zur Verfügung (s. CD mit Playbacks, HI-S5962CD), das eine Realisierung mit Klassengesang zum instrumentalen Soundtrack ermöglicht.

Die Arrangements folgen hinsichtlich Schwierigkeit und Besetzung einer größtmöglichen schülernahen Umsetzbarkeit. Es wurde geachtet auf:
- einfaches bis (bei gängigeren Instrumenten wie Klavier) mittelschweres Niveau;
- flexibel kombinierbare Arrangements: Alle Sätze, Pattern usw. zu einem Titel sind kombinierbar, auch in Teilen. Sie orientieren sich konsequent an den originalen Leadsheets des Schulbuchs und können parallel dazu, also auch gemeinsam, solistisch oder mit Klassengesang musiziert werden.
- flexible Besetzung der Arrangements: Die Besetzung der Sätze ist möglichst offen. Die Klavier- bzw. Keyboardstimmen sind fast durchgehend ganz oder teilweise mehrstimmig gesetzt und mit Melodie-Instrumenten wie Streich- oder Blasinstrumenten besetzbar. Die Besetzung der Ensemble-Sätze ist austauschbar.

Dadurch sind sowohl stilistisch als auch aufführungspraktisch abwechslungsreiche und völlig unterschiedliche Arrangements entstanden, die auch Ideen und Anregungen sein können für eine eigene, neue Gestaltung.

Die **Klaviersätze** können die Melodie unterstützen oder als Begleitspielsatz in den Hintergrund treten, sie wenden sich an fortgeschrittene Schüler. Während die Notenvorlage der Leadsheets im Schülerbuch aber nur ein Minimum der wichtigsten Bestandteile wie Melodie, Ablauf und Akkordfolge enthalten kann, kommen die Klaviersätze dem Original wesentlich näher. Bei komplexen Kompositionen wurden sie vollständig ausgesetzt, bei einfacheren Songs wurde mit Begleitpattern das jeweils Stiltypische herausgearbeitet. Prinzipiell wurden der spieltechnische Schwierigkeitsgrad so gering wie möglich gehalten und keine zu hohen technischen Fähigkeiten vorausgesetzt. Fortgeschrittene Pianisten können die Sätze aber durch Oktavierungen, vollgriffige Akkorde und rhythmische Varianten jederzeit erweitern.

Bei den **Begleitsätzen und Spielmodellen für Ensemble oder Band** wurde auf Vielseitigkeit, Kreativität und Flexibilität Wert gelegt, um Schüler und Schülerinnen mit dem gemeinsamen instrumentalen Musizieren vertraut zu machen. Die Einzelstimmen bzw. Begleitmodelle und Pattern können entsprechend den schulischen Gegebenheiten flexibel besetzt werden. Die Melodie-Instrumente sind fast immer austauschbar und können je nach den vorhandenen Möglichkeiten eingesetzt werden. Teilweise können einzelne Stimmen einfach dem Klassengesang hinzugefügt werden. Von Bodypercussion und Alltagsgegenständen bis hin zu klassischem Schlagwerk werden unterschiedlichste Rhythmusinstrumente einbezogen. Dafür sind dann eigenen Einfällen für eine spontane Erweiterung im Unterricht und bei Aufführungen keine Grenzen gesetzt. Von einfachen rhythmischen Begleitaufgaben bis zu instrumentalen und vokalen Solostimmen sind unterschiedlichste Möglichkeiten und Schwierigkeitsstufen denkbar.

So können alle Schüler einer Klasse in die Arrangements einbezogen werden.

Einzelne Begleitsätze sind auf **Streichquartett** oder **vokales Ensemble** übertragbar. Dazu werden dann auch andere Notationen (z.B. im Bratschen-Schlüssel) angeboten. Die vokalen Ensembles können auch nur als zweite oder dritte Stimme und gleichstimmig oder mit Männerstimmen besetzt werden. Das kann sich immer nach den individuellen Bedingungen und der eigenen Zielsetzung richten.

Popularmusik lässt sich meist verschiedenen Stilen und damit auch stiltypischen **Pattern** zuordnen. Swing, Blues, Latin, Pop und Rock haben häufig charakteristische Besonderheiten, aus denen für einige Songs das jeweils Typische an Voicings, Rhythmen und Spieltechnik für Klavier, Gitarre und Schlagwerk herausgearbeitet wurde. Dadurch ergeben sich auch Anregungen für Begleitmuster, Spielformen und Arrangements, die für viele andere Titel hilfreich sein können.

Alle Arrangements können nicht nur zum anregenden Musizieren im Unterricht eingesetzt werden. Sie bieten sich ebenso für projektbezogene Arbeit und darüber hinaus für eigenständige Aufführungen und Schulkonzerte an und können damit immer wieder Inspiration und Ansporn für einen erfolgreichen und handlungsorientierten Musikunterricht und erfüllte musikalische Tätigkeit sein.

Allen Kolleginnen und Kollegen, Schülerinnen und Schülern viel Erfolg und viel Freude bei der Arbeit mit dem „Spielbuch".

Stefan Bauer und André Schmidt

Hinweise zu den Arrangements

ABLAUF/TAKTZÄHLUNG

Alle Sätze sind mit dem Buch kompatibel. Begleitsätze folgen immer dem Ablauf und der Taktzählung im Buch, d.h., zusätzliche Intros werden nicht mitgezählt und sind gekennzeichnet. So ist ein reibungsfreies Arbeiten mit Spielbuch und Schülerbuch möglich (z.B. Singen der Klasse bei gleichzeitiger Begleitung durch Ensemble).

DIE VERSCHIEDENEN SÄTZE

Begleitsatz
Vollständiges Arrangement des Liedes bzw. Songs

Begleitmodell
Es wird nur ein Abschnitt des Liedes bzw. Songs arrangiert; zur Übertragung auf das gesamte Stück muss das Arrangement harmonisch angepasst werden.

Spielmodell
Offenes Arrangement des Stücks: Die Spielmodelle bieten vereinfachte Elemente, um den Grundcharakter der Stücke zu erarbeiten.

Pattern
Einzeltakte oder Taktgruppen, die für das gesamte Stück oder Abschnitte des Stücks wiederholt werden; für Gitarre, Percussion etc. auch als **Schlagrhythmen** bzw. **-pattern** in Rhythmus-Notation. Rhythmisch notierte Melodie-Instrumente können ebenfalls (zusätzlich) mit Percussion besetzt werden (z.B. „Across the Universe": Gitarre: Schellenkranz, Bassgitarre: Bongos, Snare-Drum: Claves, Bass-Drum: Handtrommel mit Schlägel).

E-Bass für jedermann
Sehr einfache Bassstimme (nur leere Saiten) in Buchstabennotation.

Grifftabellen
Visuelle Darstellung des Griffbretts mit den benötigten Griffen auf den Saiten.

HINWEISE ZU AUSFÜHRUNG UND BESETZUNG

Allgemeine Anwendung
Die Arrangements können durch Pausieren von Stimmen oder dynamische Unterschiede an den Charakter der verschiedenen Liedteile angepasst werden. Ebenso können für die einzelnen Liedteile die Arrangements frei mit Gesang usw. kombiniert werden.

Flexible Besetzung der Arrangements
Die Stimmen der Arrangements sind bis auf einzelne Ausnahmen auf andere (Melodie-)Instrumente übertragbar. Insbesondere lassen sich Klaviersätze bzw. Patterns und Modelle für Klavier mit Melodie-Instrumenten besetzen. Die einzelnen Systeme sind konsequent 2- bzw. 3-stimmig angelegt bzw. Basslinien sind einfach auf eine Stimme reduzierbar. Die einzelnen Stimmen können dabei oktaviert werden (besonders im Bassbereich, ebenso aber auch Melodie-Linien). Klang und Lautstärke der Besetzung von Ensembles bzw. Bands sollten dabei ausgewogen sein.

Hinweise zu den Arrangements

Drumset / Vocussion und Bodypercussion

Die Pattern für Drumset können gut auf 2 oder 3 Schüler aufgeteilt bzw. alternativ besetzt werden. Gut eignen sich dafür: Schellenkranz (Hi-Hat), Claves (Snare) und Handtrommel mit Schlägel (Bass-Drum). Pattern für Vocussion bzw. Bodypercussion können auch zusätzlich oder alternativ mit Alltagsgegenständen besetzt werden (s. S. 41).

E-Bass für jedermann

Der „E-Bass für jedermann" kommt ohne Griffe aus. Es werden nur die leeren Saiten E A D G benutzt (Zählung in der Tabelle: 1–4 mit E-Saite = 1 usw.), die Saiten dabei mit dem Zeigefinger (= 2. Finger) der rechten Hand gezupft. Fortgeschrittenere können abwechselnd den Mittelfinger (3. Finger) benutzen und ebenso einen einfachen Rhythmus spielen.

Streichquartett

Für die Besetzung mit Streichquartett ist den Begleitsätzen für Ensemble zusätzlich die 3. Stimme im Bratschen-Schlüssel beigegeben.

NOTATION

Notation Schlagzeug

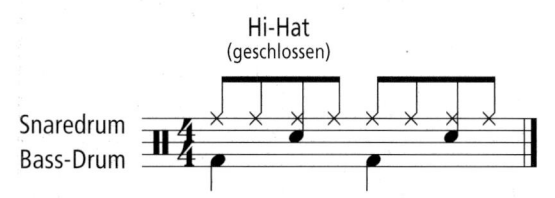

Hi-Hat (geschlossen)
Snaredrum
Bass-Drum

Snare: Der Zusatz „Rimshot" bedeutet, dass der Stock auf die Trommel gelegt wird und der überstehende Teil auf den Trommelrand schlägt. Das **Hi-Hat** wird immer geschlossen gehalten. Ein **Ride-Becken** ist ein weich und lang nachklingendes Becken (im Unterschied zum Crash-Becken, das vor allem für deutliche Akzente verwendet wird).

Harmonien/Akkorde/Grifftabelle für Gitarre

Die Bezeichnung der Akkorde folgt der international üblichen Schreibweise, setzt also B für H-Dur und B♭ (engl. „B-flat") für B-Dur. Im Anhang findet sich auch eine Tabelle mit Gitarrengriffen.
Slash-Akkorde können zur Vereinfachung ohne den Basston gespielt werden, d.h., bei dem Akkord C/D (C-Dur-Akkord mit Basston D) kann das D weggelassen werden; dieser Ton muss dann von einem anderem Bass-Instrument gespielt werden.

SCHREIBWEISE DER AKKORD-SYMBOLE AM BEISPIEL FÜR „C"

C	C-Dur-Dreiklang: c - e - g
Cm	C-Moll-Dreiklang: c - es - g
C^{sus4}	Akkord mit Quarte statt Terz (suspended): c - f - g
C$^+$	übermäßiger C-Dur-Dreiklang: c - e - gis
C^6	C-Dur-Dreiklang mit hinzugefügter großer Sexte: c - e - g - a
C^7	C-Dur-Dreiklang mit hinzugefügter kleiner Septime: c - e - g - b
C^{maj7}	C-Dur-Dreiklang mit hinzugefügter großer Septime: c - e - g - h
C^9	C-Dur-Dreiklang mit hinzugefügter kleiner Septime und großer None: c - e - g - b - d (Akkorderweiterungen mit 9, 11 und 13 enthalten stets die kleine Septime)
C^{add9}	C-Dur-Dreiklang mit hinzugefügter großer None: c - e - g - d (im Gegensatz zu C^9 ist die Septime hier unerwünscht, die None „added")
C$^\circ$	(auch C^{dim}) verminderter Dreiklang: c - es - ges; im Bereich Jazz/Rock/Pop als verminderter Vierklang C$^{\circ 7}$: c - es - ges - heses
Cm$^{7\flat 5}$	halbverminderter Septakkord: c - es - ges - b
C/D	C-Dur-Dreiklang mit dem Basston D (Slash-Akkord)

Across the Universe (The Beatles)

BEGLEITMODELL FÜR BAND

Musik: John Lennon, Paul McCartney
Arr.: André Schmidt

TIPP ZUR BESETZUNG

Die Gitarren-Stimmen und das Drum-Set können auch mit Rhythmus-Instrumenten besetzt werden, z. B. Gitarre mit Schellenkranz, Bass-Gitarre mit Bongos, Snare-Drum mit Claves, Bass-Drum mit Handtrommel mit Schlägel.

Across the Universe

BEGLEITSATZ FÜR MELODIE-INSTRUMENTE ODER VOKALE STIMMEN

Musik: John Lennon, Paul McCartney
Arr.: André Schmidt

Der Begleitsatz kann auch vokal musiziert werden (Vokalisen *Ah* und *Du-wa-du*).
Für eine Besetzung mit Streichquartett ist die 3. Stimme im Bratschen-Schlüssel notiert beigefügt.

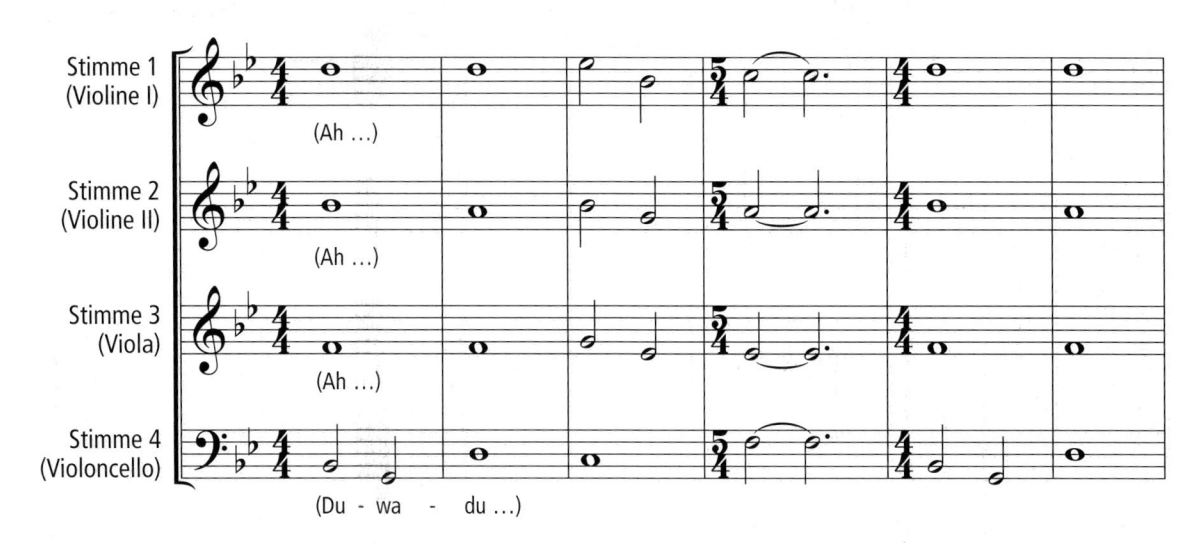

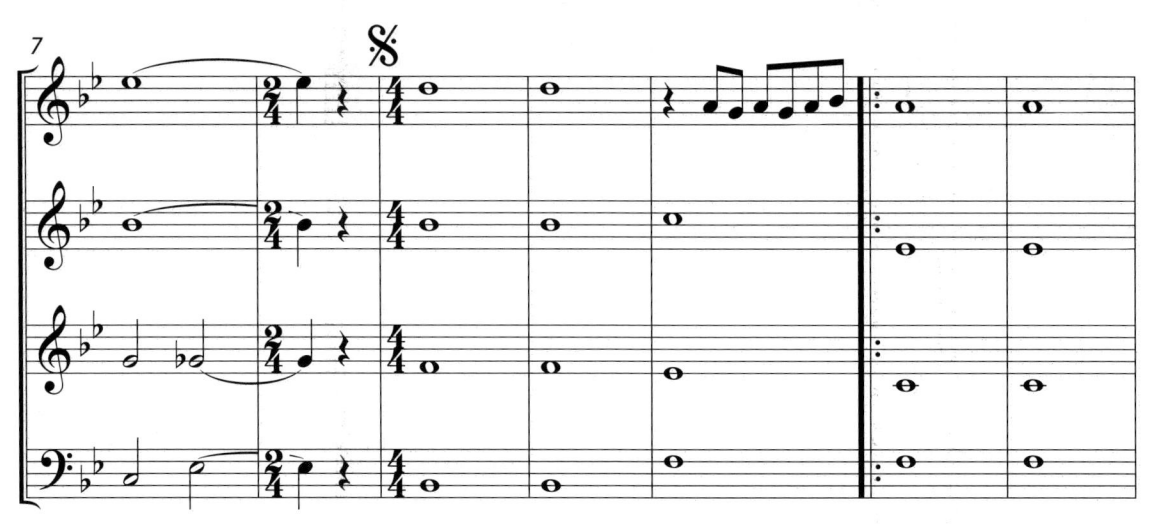

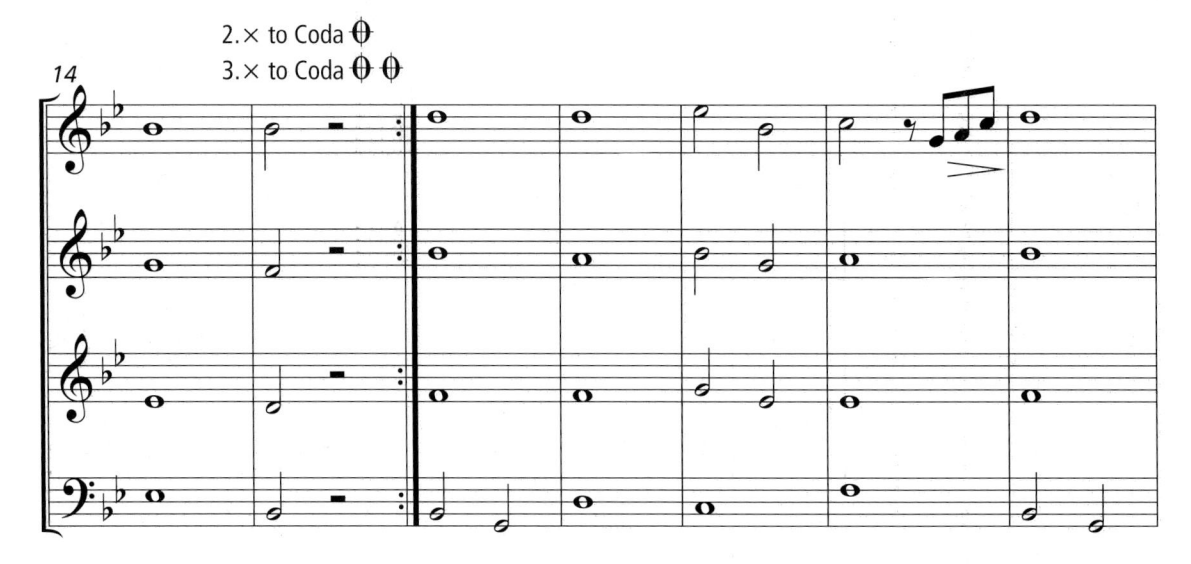

10 | POPULARMUSIK IM KONTEXT

HI-S5869

Across the Universe

3. Stimme im Bratschen-Schlüssel

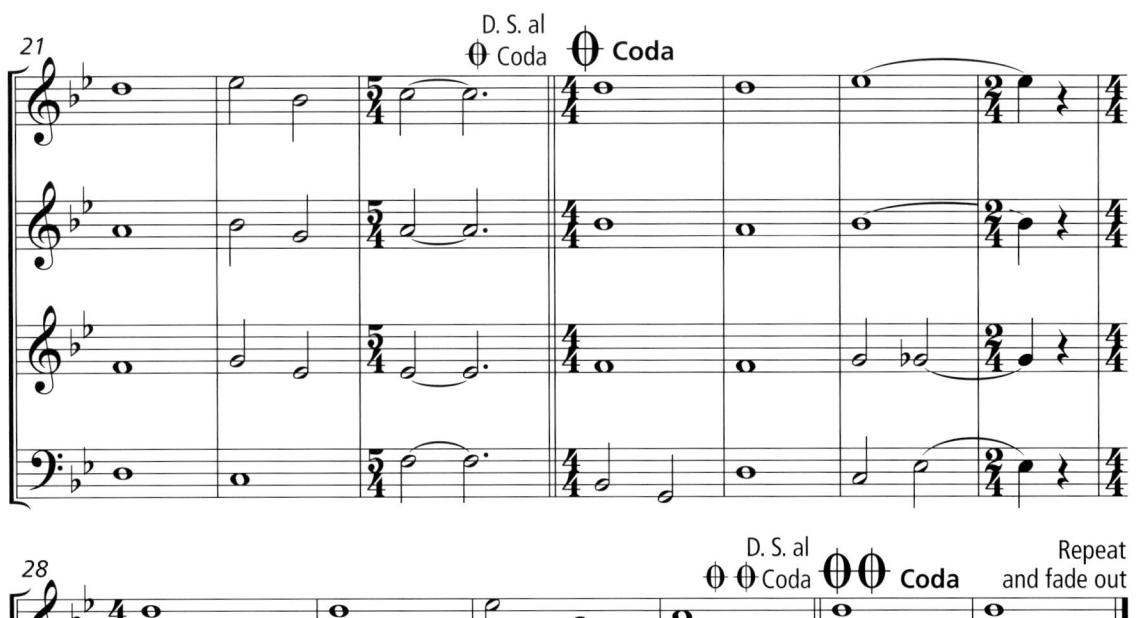

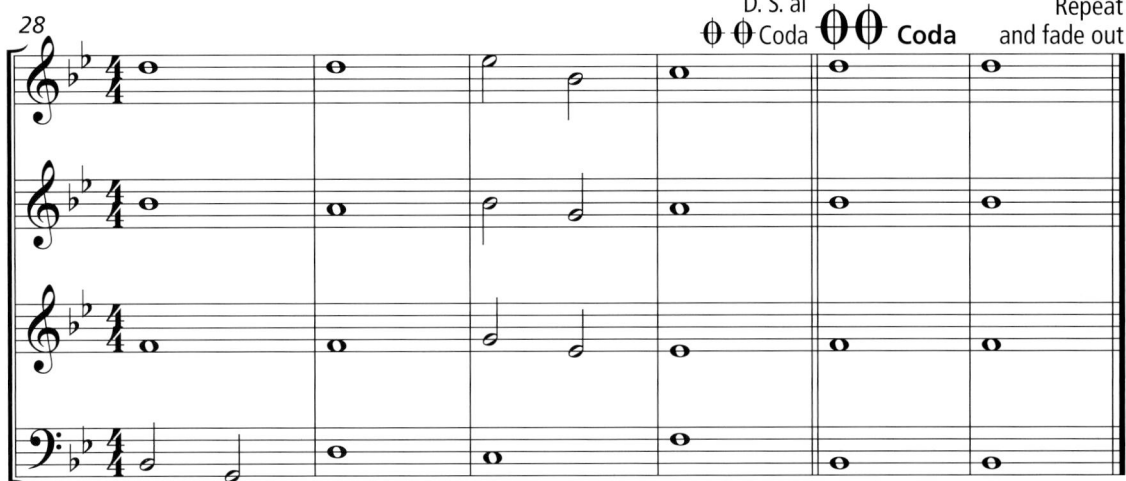

Arr.: André Schmidt

POPULARMUSIK IM KONTEXT

Africa Unite (Bob Marley)

BEGLEITMODELL FÜR KLAVIER

Text und Musik: Bob Marley
Arr.: Ursel Lindner
© Bob Marley Music Ltd. /
Printrechte Bosworth Music

(Intro, ♩ = 126, C G Am, 3×)

Gitarre oder Xylofon
Klavier
Kontrabass oder E-Bass

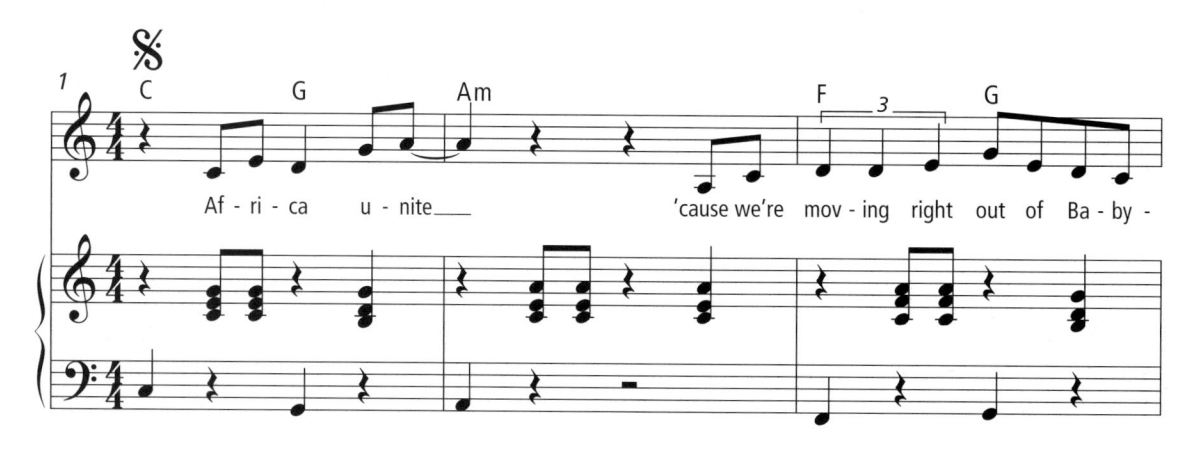

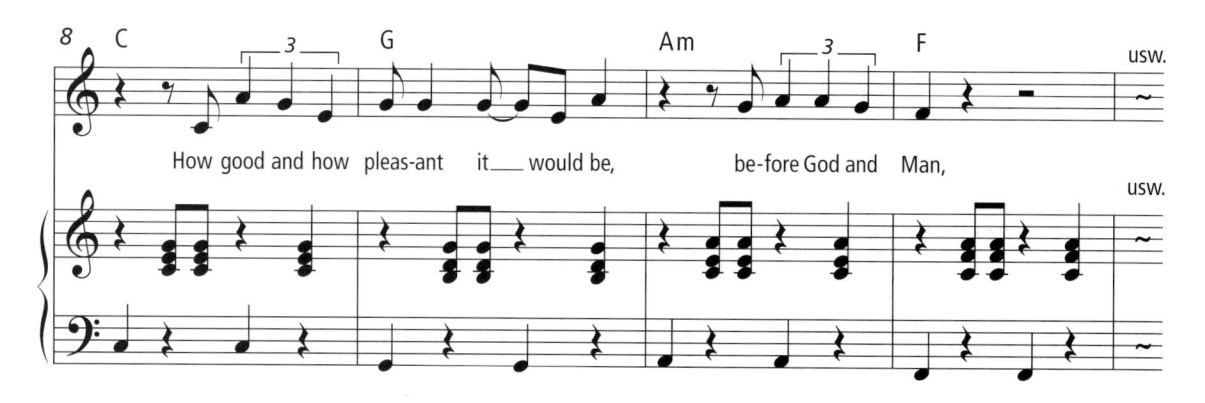

1. C G Am F G
Af-ri-ca u-nite___ 'cause we're mov-ing right out of Ba-by-

4. Am F G Am Am
lon, and we're go-ing to our__ fa-ther's land.

8. C G Am F usw.
How good and how pleas-ant it__ would be, be-fore God and Man, usw.

Das Klavier kann auch mit Gitarre oder Xylofon (Violin-Schlüssel) bzw. mit Kontrabass oder E-Bass (Bass-Schlüssel) besetzt werden.
Für die Takte 2–27 werden die notierten Takte 8–11 wiederholt, die Takte 28–31 entsprechen den Takten 1–4.

Africa Unite

RHYTHMUS-PATTERN FÜR BAND

E-BASS-GRIFFTABELLE

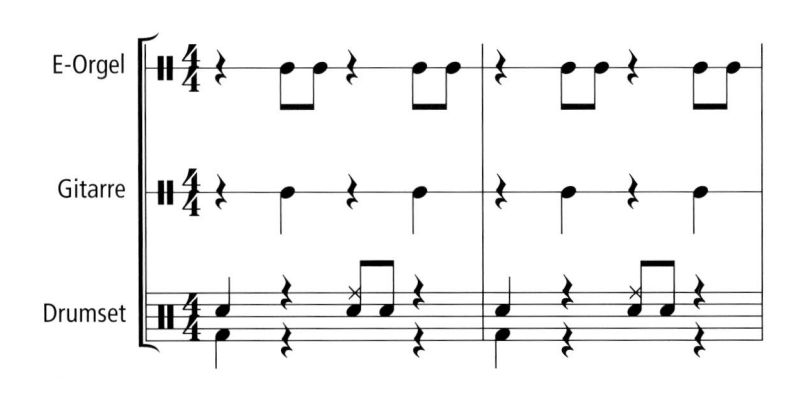

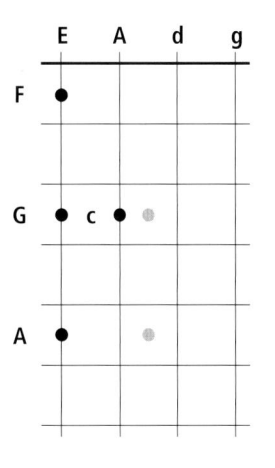

BEGLEITSATZ FÜR STABSPIEL

Intro / **T. 1**

		1	2	3	4	1	2	3	4	1	2	3	4	1	2	3	4
1. Stimme	4/4		c↑		h		a		a		c↑		h		a		a
2. Stimme			g		g		e		e		g		g		e		e
3. Stimme			e		d		c		c		e		d		c		c

T. 3

	1	2	3	4	1	2	3	4	1	2	3	4	1	2	3	4
1. Stimme		a		h		a		a		a		h		a		a
2. Stimme		f		g		e		e		f		g		e		e
3. Stimme		c		d		c		c		c		d		c		c

T. 8 (5 ×; für Coda: 6. × ⊕ ⊕) ⊕

	1	2	3	4	1	2	3	4	1	2	3	4	1	2	3	4
1. Stimme		c↑		c↑		h		h		a		a		a		a
2. Stimme		g		g		g		g		e		e		f		f
3. Stimme		e		e		d		d		c		c		c		c

D. S.

	1	2	3	4	1	2	3	4	1	2	3	4	1	2	3	4
1. Stimme		c↑		h		a		a		a		h		a		a
2. Stimme		g		g		e		e		f		g		e		e
3. Stimme		e		d		c		c		c		d		c		c

⊕ Repeat ad lib.

	1	2	3	4	1	2	3	4
1. Stimme		c↑		h		a		a
2. Stimme		g		g		e		e
3. Stimme		e		d		c		c

Aquarela do Brasil (Francisco Alves)

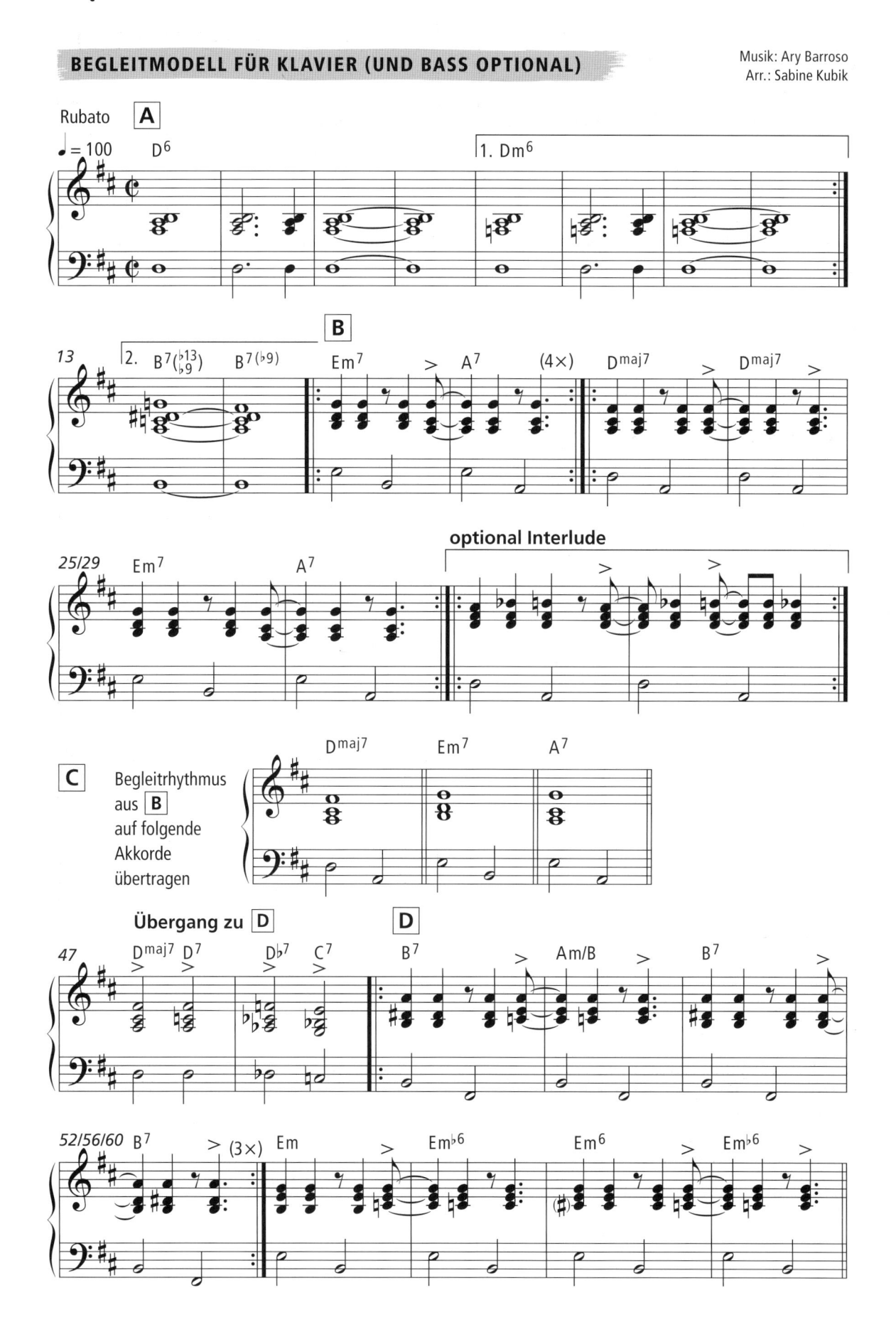

BEGLEITMODELL FÜR KLAVIER (UND BASS OPTIONAL)

Musik: Ary Barroso
Arr.: Sabine Kubik

Aquarela do Brasil

Begleitrhythmus aus E auf folgende Akkorde übertragen

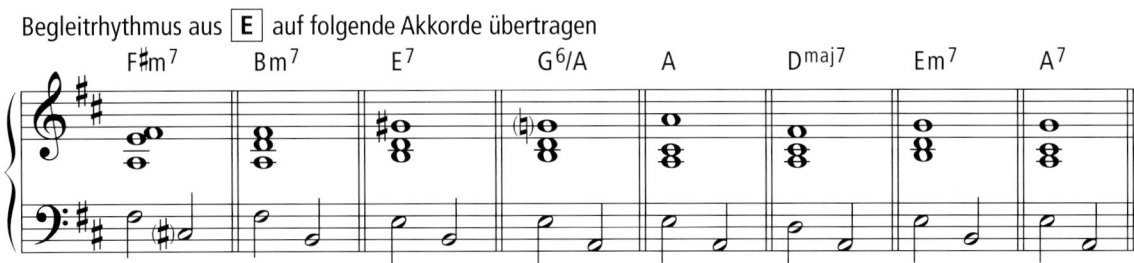

PATTERN FÜR PERCUSSION

TIPPS ZUR BESETZUNG / ABLAUF

Abschnitt A (Rubato) wird nur mit Klavier begleitet. Bei B treten Bongos und Tamborim und optional Bass zum Klavier (Bassstimme des Klaviers) hinzu. Ab C setzen alle Percussion-Instrumente, Klavier und Bass ein.

Banana Boat Song (Harry Belafonte)

Musik: Irving Burgie,
William Attaway
Arr.: André Schmidt

BEGLEITPATTERN FÜR KLAVIER B, C UND D

Teil A und E sind ohne Klavierbegleitung. Abfolge der Teile B, C und D entsprechend dem Ablauf.

PATTERN E-BASS FÜR JEDERMANN B, C UND D

B und D

Zählzeit	1	2	3	4	1	2	3	4	1	2	3	4	1	2	3	4
Note (4/4)	:D		A		D		A		D		A		A		D	:
Saite	3		2		3		2		3		2		2		3	

C

Zählzeit	1	2	3	4	1	2	3	4	1	2	3	4	1	2	3	4
Note (4/4)	:D		A		E		A		D		A		A		D	:
Saite	3		2		1		2		3		2		2		3	

Teil A und E sind ohne Bassbegleitung. Abfolge der Teile B, C und D entsprechend dem Ablauf.

Banana Boat Song

ABLAUF

Ablauf Originaleinspielung [A] [B] [C] [D] [E]
                            [B]   [D] [E] [C] [E]

Ablauf Playback   [A] [B] [C] [D]
                                [B] [C] [D] [E]

BEGLEITSATZ FÜR MELODIE-INSTRUMENTE ODER VOKALE STIMMEN

Text und Musik: Irving Burgie, William Attaway
Arr.: André Schmidt
© 1955 by Cherry Lane Music Publ. Co. Inc. /
Lord Burgess Music Publ. Co. /
D/A/CH: Rolf Budde Musikverlag

♩ = 120, **A**, *mf*

Stimme 1 (Violine I): Day, oh, ___ day, ___ oh. Daylight come an' me wan' go home. ___ Day, Missah day, Missah day, Missah day, Missah day, Missah day, ___ oh! Day-light come an' me wan' go ___ home.

Stimme 2 (Violine II): Hm - hm - hm...*)

Stimme 3 (Viola): Hm - hm - hm...*)

Stimme 4 (Violoncello): Du - a - - du...*)

*) Vokalisen in Takten ohne Textunterlegung weiterführen

Banana Boat Song

Banana Boat Song

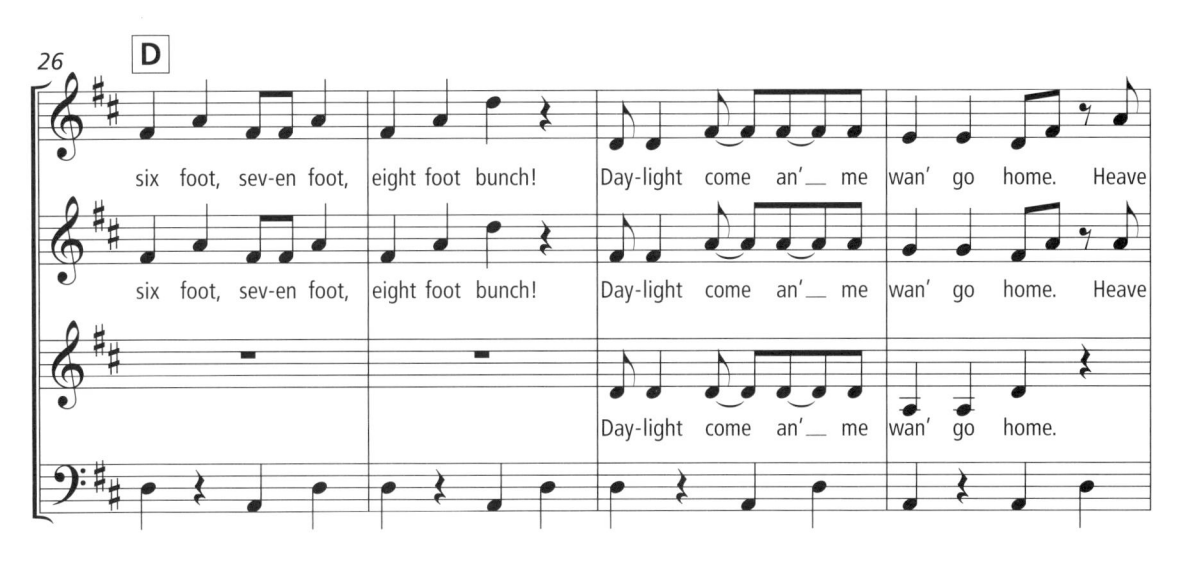

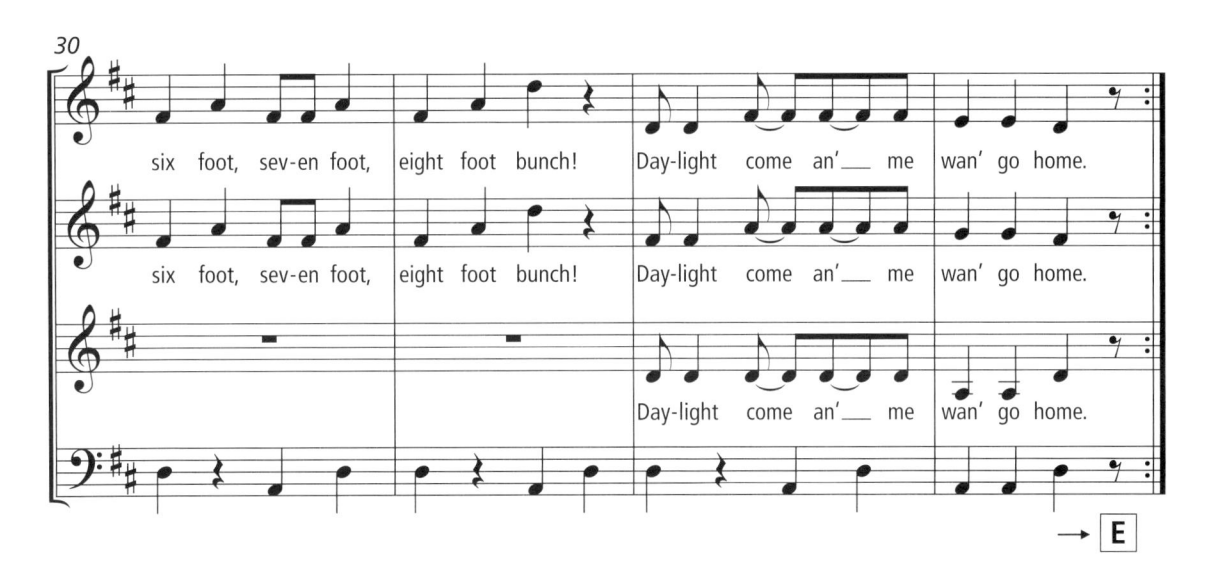

Banana Boat Song

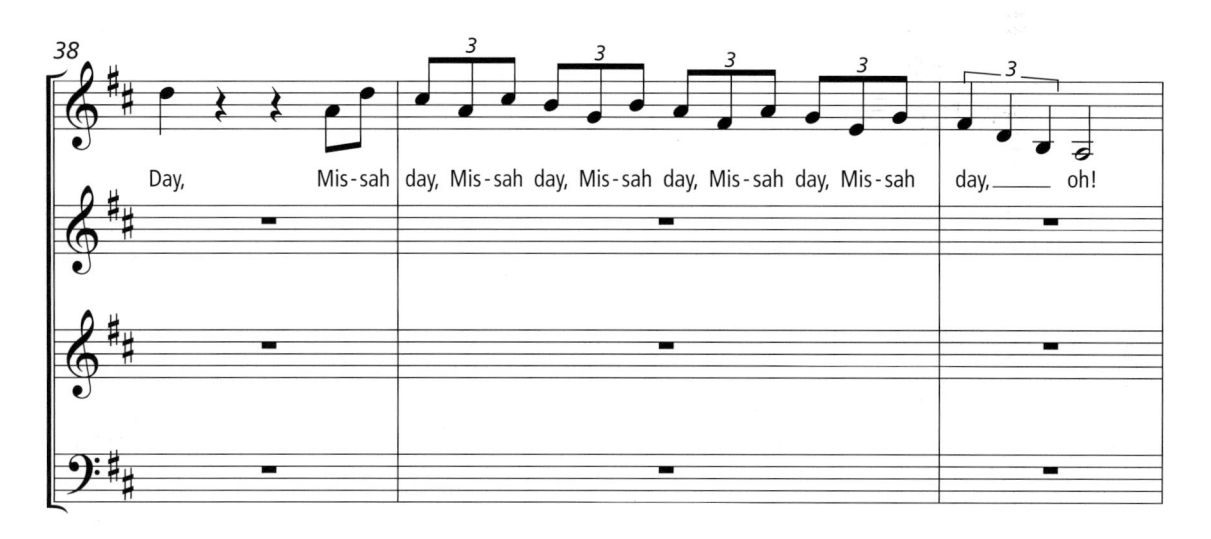

TIPPS ZUR BESETZUNG

- Der Begleitsatz kann auch vokal musiziert werden (Vokalisen *Hm*, *Du-a* und Text). Dabei die Vokalisen in Takten ohne Textunterlegung weiterführen.
- Für eine Besetzung mit Streichquartett ist die 3. Stimme im Bratschen-Schlüssel notiert beigefügt.

Banana Boat Song

3. Stimme im Bratschen-Schlüssel

Arr.: André Schmidt

Being for the Benefit of Mr. Kite (The Beatles)

BEGLEITSATZ FÜR KLAVIER

Text und Musik: John Lennon, Paul McCartney
Arr.: Stefan Bauer
© Northern Songs Ltd. Maclen Joint Ltd. /
Sony / ATV Music Publ. (Germany GmbH), Berlin

22 | POPULARMUSIK IM KONTEXT | HI-S5869

Being for the Benefit of Mr. Kite

*) Die Oktaven können auch vereinfacht werden. Dazu bei Oktavlinien im Bass den oberen Ton (T. 8 ff., T. 16 ff.), bei Oktavlinien in der rechten Hand den unteren Ton weglassen (T. 30 ff.).

Being for the Benefit of Mr. Kite

BEGLEITSATZ FÜR BAND

Text und Musik: John Lennon, Paul McCartney
Arr.: Robert Liebel
© Northern Songs Ltd. Maclen Joint Ltd. /
Sony / ATV Music Publ. (Germany GmbH), Berlin

Being for the Benefit of Mr. Kite

TIPP ZUR BESETZUNG

Die Keyboardstimme kann auch wie folgt besetzt werden: oberes System (Violin-Schlüssel) 3-stimmig mit Melodie-Instrumenten (ohne Kleinstichnoten); unteres System (Bass-Schlüssel) mit E-Bass (vereinfachte Bass-Stimme).

Being for the Benefit of Mr. Kite

PATTERN FÜR DRUMSET

Intro

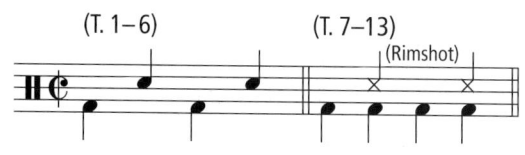

Verse (T. 1–6)   (T. 7–13) (Rimshot)

Break
optional Auftakt zu Verse
(Intro T. 3, Verse T. 14)

E-BASS-GRIFFTABELLE

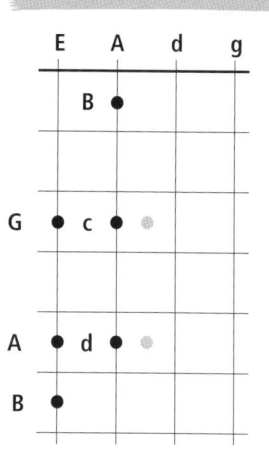

Capri-Fischer (Rudi Schuricke)

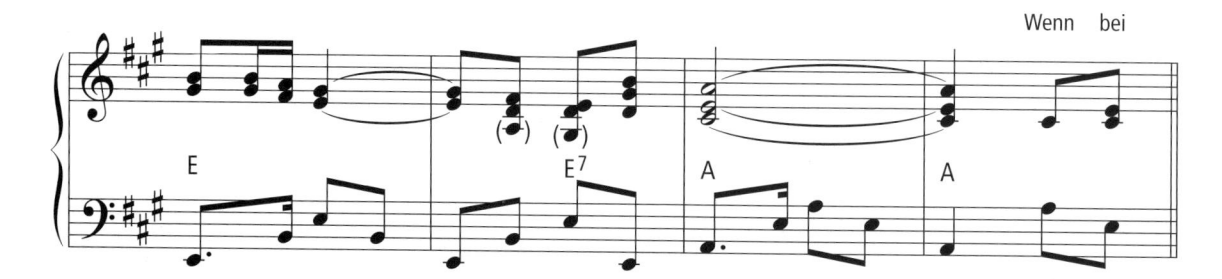

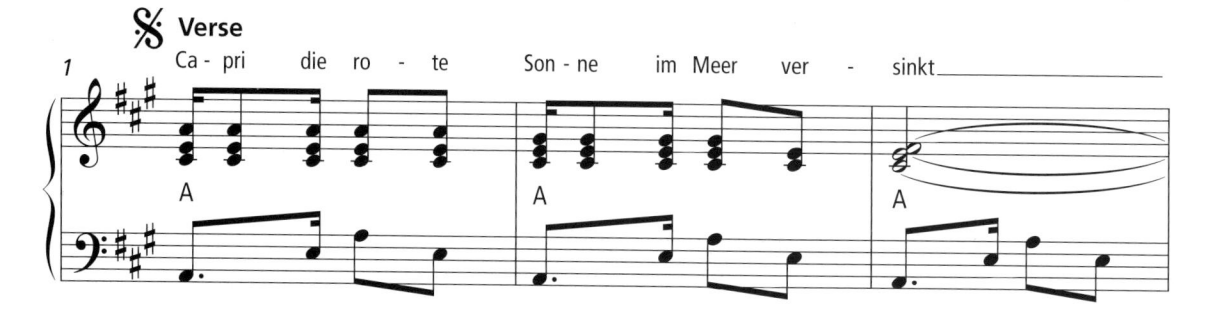

BEGLEITSATZ FÜR KLAVIER

Text: Ralph Maria Siegel
Musik: Gerhard Winkler
Arr.: Stefan Bauer
© Musikedition Europaton P. Schaeffers, Hamburg

♪ = 120 Intro

A A^{maj7} A^6 A^6

E E^7 A   A

Wenn bei

Verse
Ca- pri die ro- te Son- ne im Meer ver- sinkt

A   A   A

26 | POPULARMUSIK IM KONTEXT

HI-S5869

Capri-Fischer

4 ... und vom Himmel die bleiche Sichel des Mondes blinkt,

A | A | A#° | E⁷/B

8 ... zieh'n die Fischer mit ihren Booten aufs Meer hinaus,

E⁷ | Bm | E⁷ | Bm

12 ... und sie legen im weiten Bogen die Netze aus.

Bm | E⁷ | E⁺ | A

16 Nur die Sterne, sie zeigen ihnen am Firmament

A | A | A | A

20 ihren Weg mit den Bildern, die jeder Fischer kennt.

A | A⁷ | A⁺ | D

Capri-Fischer

24 Und von Boot zu Boot das al-te Lied er-klingt, \
28 hör von fern, wie es singt: Bel-la, bel-la, \
33 bel-la Ma-rie, bleib mir treu, ich komm zu-rück mor-gen früh! \
36 Bel-la, bel-la, bel-la Ma-rie, ver-giss mich nie! \
40 Sieh den Lich-ter-schein drau-ßen auf dem

Capri-Fischer

Meer____, ru-he-los und klein, – was kann das sein, was irrt dort spät nachts um-her?____ Weißt du, was da fährt?____ Was die Flut durch-quert?____ Un-ge-zähl-te Fi-scher, de-ren Lied von fern man hört.____ Wenn bei nie!____ Bel-la Ma-rie,____ ver-giss mich nie!____

1.× D.S. al ⊕ - ⊕
2.× D.S. al ⊕⊕ - ⊕⊕

Containerlied (Die Toten Hosen)

BEGLEITSATZ FÜR KLAVIER

Text: Frege; Musik: Meurer
Arr.: Stefan Bauer
© Heikes Kleiner Musikverlag

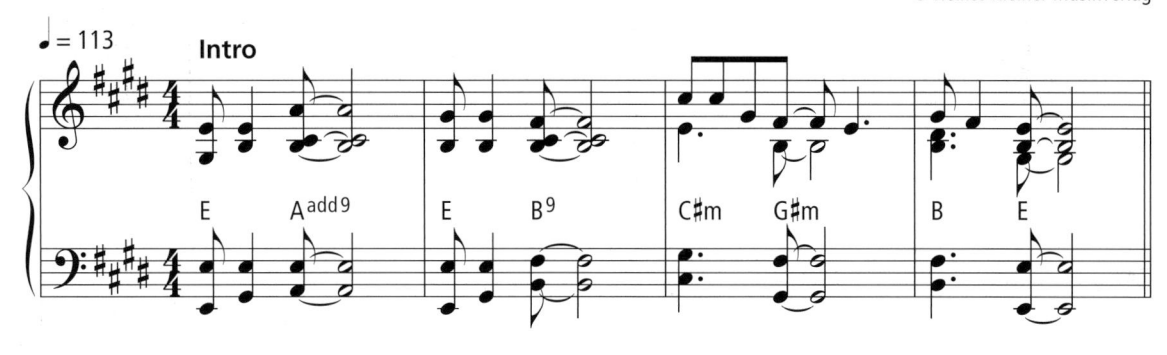

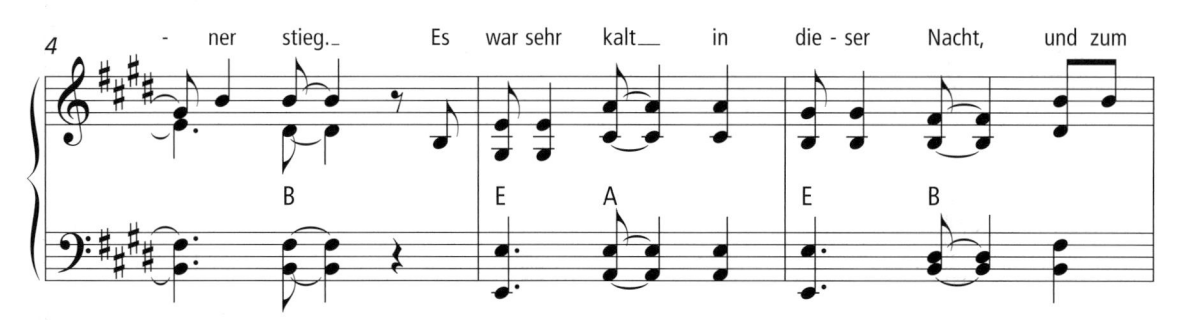

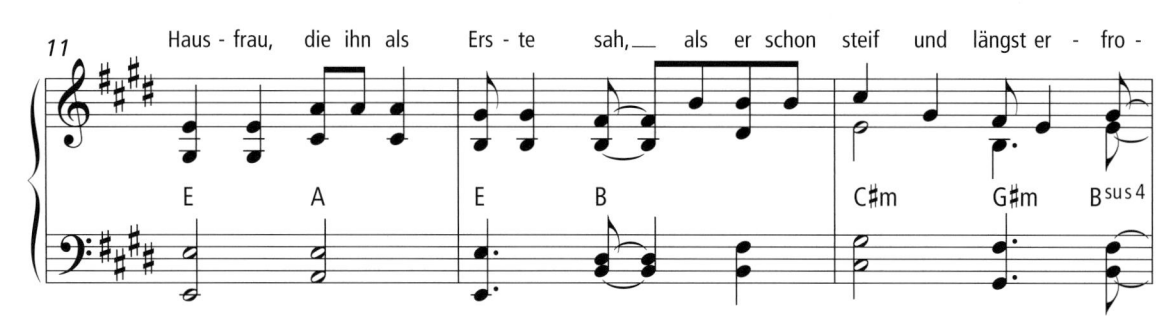

♩ = 113 — Intro

Chords (Intro): E A add9 | E B9 | C#m G#m | B E

1. Dies ist 'ne Geschich-te, die das Le-ben schrieb, von ei-nem Pen-ner, der in ei-nen Con-tai-
   (E A | E B | C#m G#m B sus4)

4. -ner stieg. Es war sehr kalt in die-ser Nacht, und zum
   (B | E A | E B)

7. Schla-fen war das kein schlech-ter Platz. Es war 'ne
   (C#m G#m | 2/4 B E | 4/4 A add9 | E B sus4)

11. Haus-frau, die ihn als Ers-te sah, als er schon steif und längst er-fro-
    (E A | E B | C#m G#m B sus4)

Containerlied

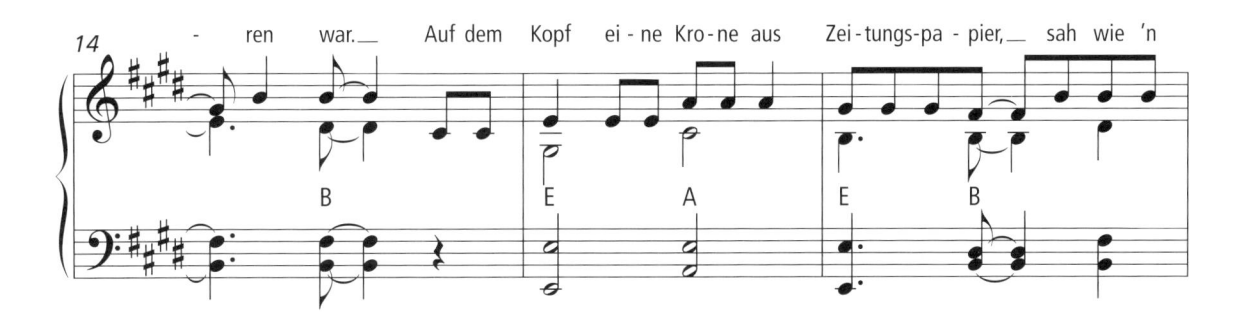

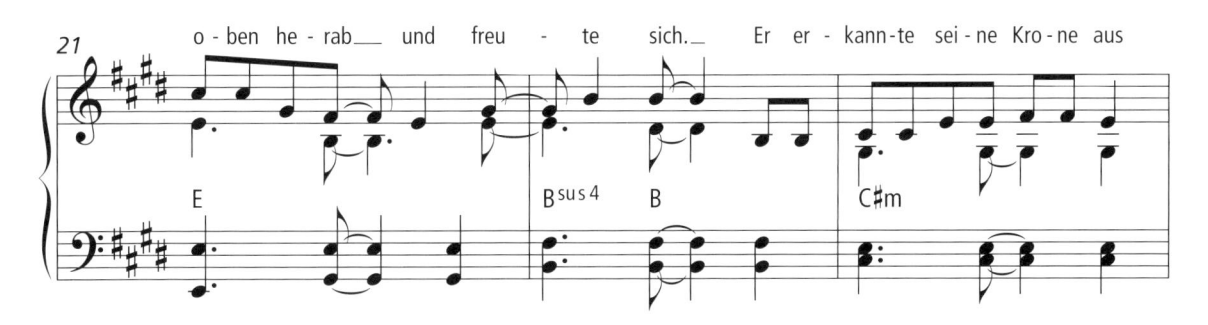

TIPP ZUR BESETZUNG

Bei Besetzung mit Gitarre übernimmt die Gitarre den Rhythmus des unteren Klaviersystems als Akkord-Schlagrhythmus.

Dance for Eternity (DJ Kai Tracid)

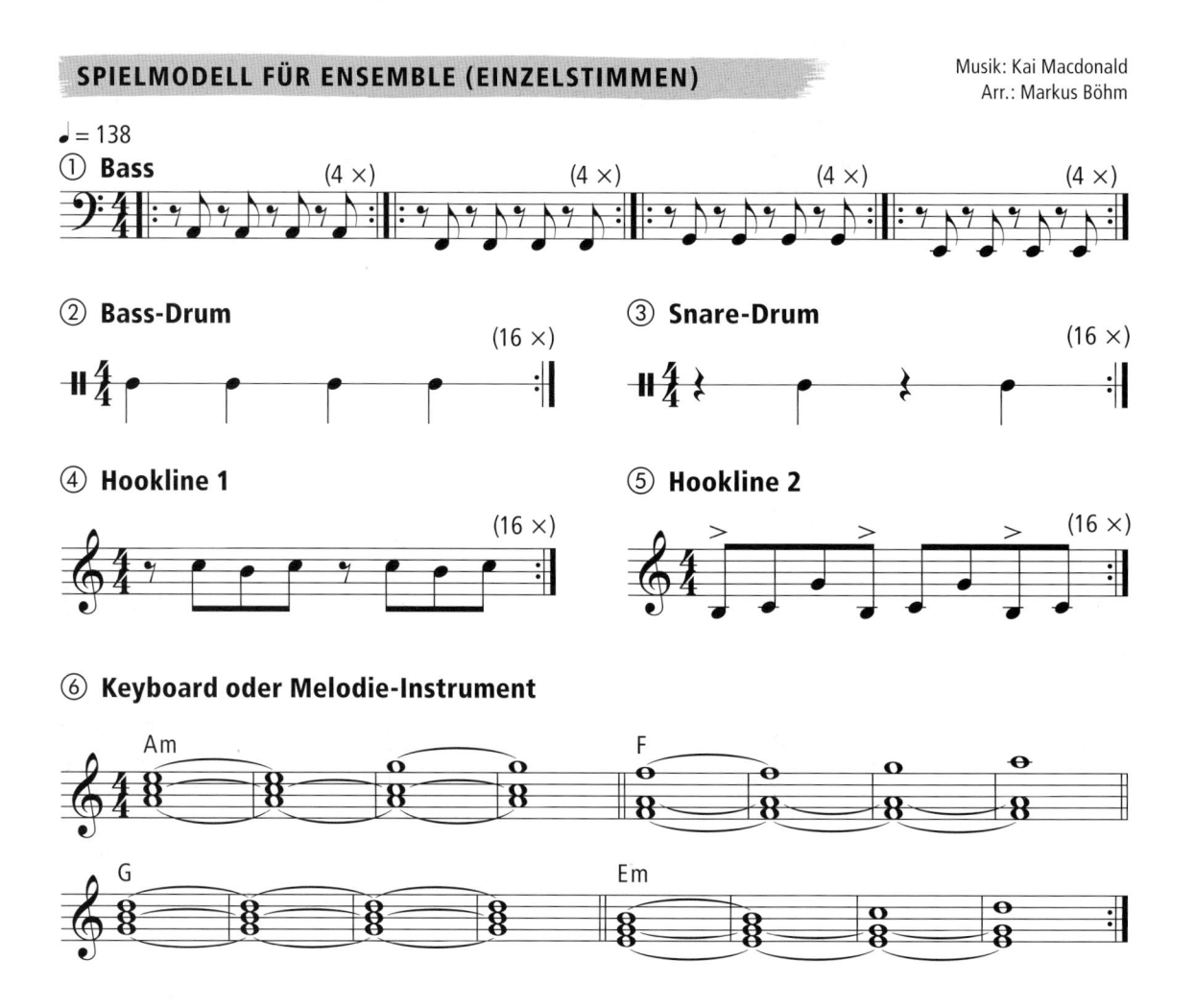

SPIELMODELL FÜR ENSEMBLE (EINZELSTIMMEN)

Musik: Kai Macdonald
Arr.: Markus Böhm

♩ = 138

① **Bass**

② **Bass-Drum**

③ **Snare-Drum**

④ **Hookline 1**

⑤ **Hookline 2**

⑥ **Keyboard oder Melodie-Instrument**

Anm.: Die Stimme ist auf Melodie-Instrumente bzw. linke und rechte Hand eines Keyboards oder Klaviers aufteilbar. Im Original sind alle Tonwechsel um 1 Achtel vorgezogen.

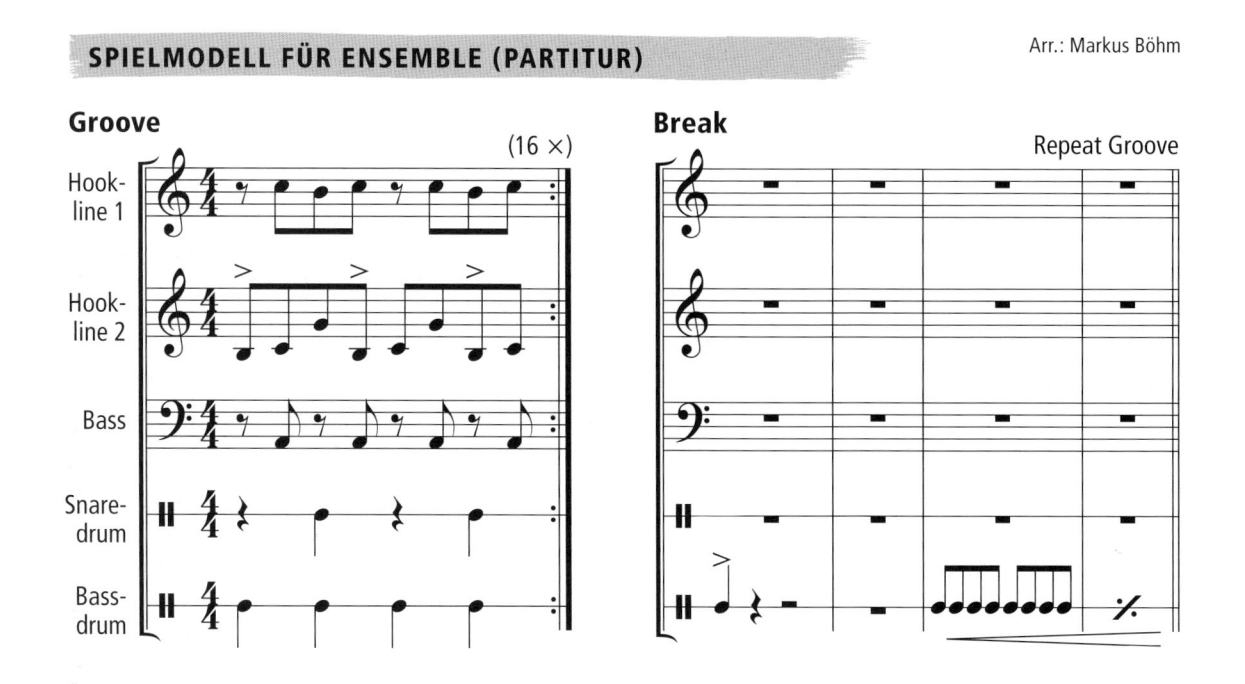

SPIELMODELL FÜR ENSEMBLE (PARTITUR)

Arr.: Markus Böhm

Groove — **Break** (Repeat Groove)

Hookline 1, Hookline 2, Bass, Snaredrum, Bassdrum

32 | POPULARMUSIK IM KONTEXT

Dance for Eternity

E-BASS-GRIFFTABELLE

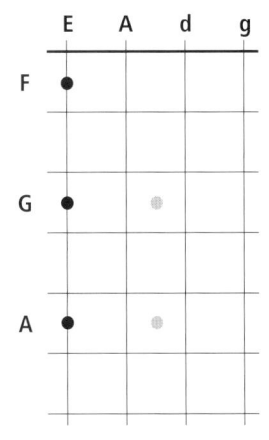

TIPPS ZUR BESETZUNG

- Alle Stimmen sollten aus klanglichen Gründen chorisch besetzt werden.
- Bass- und Snare-Drum können durch Bodypercussion oder durch Trommeln von der Klasse verstärkt werden (Basstrommeln, tiefe Tomtoms, tiefe Sambatrommeln, Djemben usw.).
- Restliche Stimmen können durch weitere Instrumente verstärkt (Klavier, Stabspiele, Melodie-Instrumente) oder mit Boomwhackers besetzt werden.
- Besetzung mit Boomwhackers:
  Bass: die Töne A, F, G und E (Boomwhackers mit Oktavkappen) werden auf 4 Schüler bzw. Gruppen verteilt.
  Hookline 1: je Schüler h^1 und c^2.
  Hookline 2: Die 3 Töne können auf 2 Schüler verteilt werden, Schüler 1 mit h und c^1, Schüler 2 mit h und g^1 (alternativ nur g^1).

Hookline 2
Ossia: mit Boomwhackers

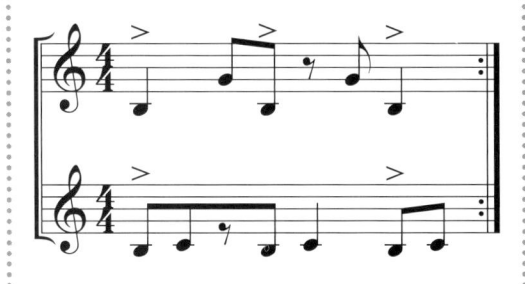

ABLAUF

- Ausgehend vom Bass ① werden die Patterns von ② bis ⑤ sukzessive aufgebaut. Jeweils nach einem 16-taktigen Durchgang setzt das nächste Pattern ein.
- Nach Einsatz aller Stimmen (→ Groove) kann auf Zeichen ein Break eingefügt werden (→ Break): Die Bass-Drum-Gruppe markiert einen deutlichen Schlag auf das 1. Viertel. Die anderen Stimmen pausieren 4 Takte. Mit crescendierenden Achteln leitet die Bass-Drum-Gruppe die Wiederaufnahme des Patterns ein.
- Die Abfolge der Patterns und die Gestaltung des Breaks können variiert werden.
- Schluss durch Wegnehmen der Patterns z. B. in umgekehrter Reihenfolge oder gemeinsam durch Schlusston und Schlag auf das 1. Viertel.

TIPPS ZUR EINÜBUNG

- Bass/Bass-Drum: Schwierig ist das Durchhalten des Offbeats des Basses. Als Hilfe können durchgehende Achtel auf den Oberschenkel gepatscht werden. Der Bass spielt dann auf jede zweite Zählzeit. Beim Einsatz der Bass-Drum kann das Rhythmusempfinden kippen, da der Bass zum Offbeat wird.
- Zur Vereinfachung kann der Bass zunächst auch auf den Beat spielen bzw. die Einsatzfolge von Bass und Drums getauscht werden.
- Hookline 1: Zur Stabilisierung des Metrums kann die Pause (auf 1. und 3. Viertel) durch einen leisen Fußschlag oder eine Geste gefüllt werden.

Daniel (Elton John)

BEGLEITSATZ FÜR KLAVIER

Text und Musik: Elton John, Bernie Taupin
Transkr.: Stefan Bauer
© James Dick Music Ltd. /
Universal Music Publ. GmbH, Berlin

♩ = 126 **Intro**

1./4. Dan-iel is trav'-ling to-night___ on a plane.___
2. They say Spain is pret-ty 'though I've nev-er been.___

I can see the red___ tail lights___
Well, Dan-iel says___ it's the best place he's

head-ing for Spain.___ Oh___ and I can see Dan-
ev-___-er___ seen.___ Oh___ and he should___ know,___

Daniel

Daniel

Juan Pachanga (Ruben Blades)

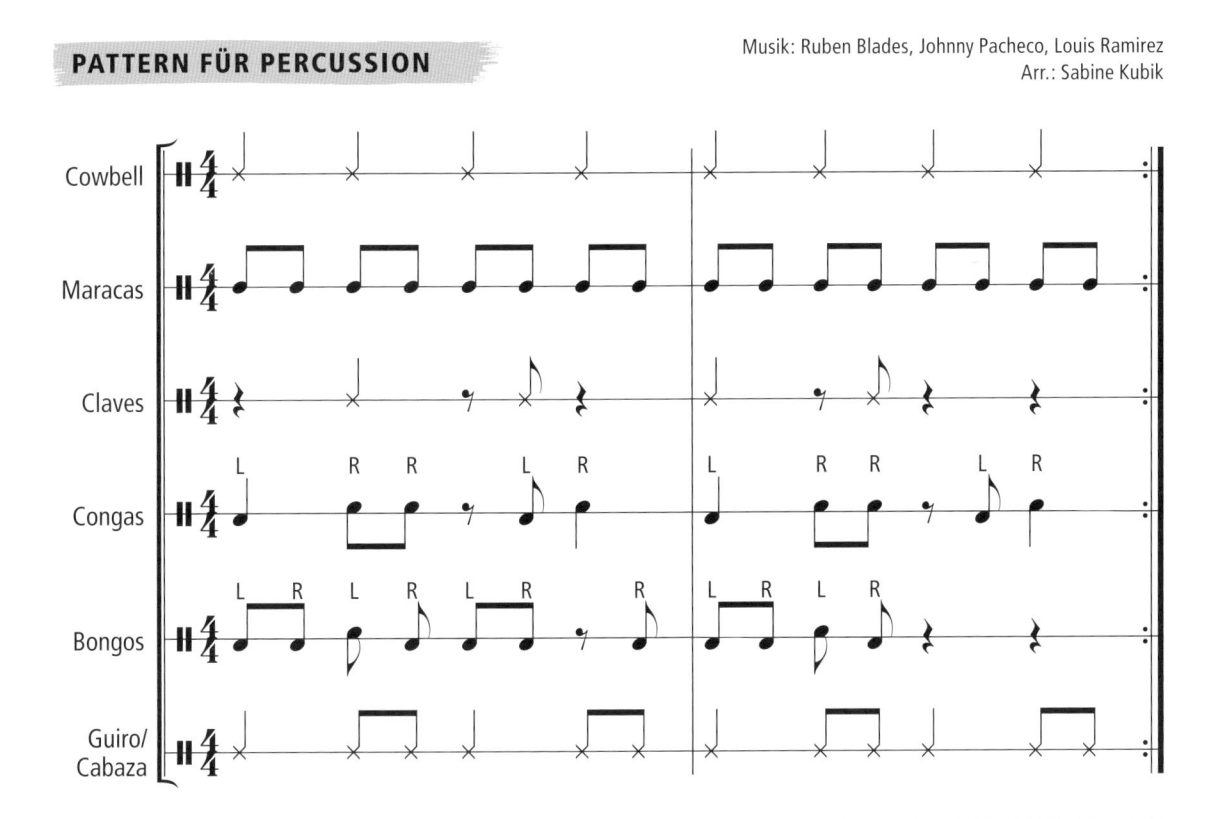

PATTERN FÜR PERCUSSION

Musik: Ruben Blades, Johnny Pacheco, Louis Ramirez
Arr.: Sabine Kubik

TIPPS ZUR EINÜBUNG

Sinnvoll ist es, jeweils zwei Instrumente zusammen zu üben: Cowbell und Claves, Maracas und Bongos, Guiro/Cabaza und Congas. Das jeweils erste Instrument hält den durchlaufenden Rhythmus, in den sich das zweite Instrument gut einfügen lässt. Erst danach sollten alle sechs Rhythmen zusammengespielt werden.

Deutschland (Die Prinzen)

BEGLEITSATZ FÜR KLAVIER

Text und Musik: Steve van Velvet
Arr.: André Schmidt
© Edition Boogiesongs /
Hanseatic Musikverlag GmbH & Co. KG, Hamburg

♩ = 86 Intro

Verse

1 Deutsch, deutsch, deutsch, deutsch, deutsch, deutsch. 1. Na-

5 türlich hat ein Deutscher „Wetten, dass" erfunden, vielen Dank für die schönen Stunden, wir sind die

7 freundlichsten Kunden auf dieser Welt, wir sind bescheiden, wir haben Geld. Die

9 Allerbesten in jedem Sport, die Steuern hier sind Weltrekord. Be-

11 reisen sie Deutschland und bleiben Sie hier, auf diese Art von Besuchern warten wir. Es kann

POPULARMUSIK IM KONTEXT

Deutschland

13 jeder hier wohnen, dem es gefällt, wir sind das freundlichste Volk auf dieser Welt.

15 Deutsch, deutsch, deutsch, deutsch. Nur eine Kleinigkeit

18 ist hier verkehrt: und zwar, dass Schumacher keinen Mer - cedes fährt. (Mer-

Refrain

21 cedes fährt.) Das alles ist Deutschland, das alles sind wir,

24 das gibt es nirgendwo anders, nur hier, nur hier! Das alles ist Deutschland,

27 das sind al-les wir, wir le-ben und wir ster-ben hier. hier. Wir sind be-

Deutschland

31 sonders gut im Auf-die-Fresse-Hau'n, auch im Feuerlegen kann man uns vertrau'n. Wir

33 steh'n auf Ordnung und Sauberkeit, wir sind jederzeit für 'nen Krieg bereit. Schönen

35 Gruß an die Welt, seht es endlich ein, wir können stolz auf Deutschland (Deutschland, Deutschland)

37 Schwein, Schwein, (A-i-a-i-a-i-a. A-i-
Schwein, Schwein, Schwein, Schwein.

40 a-i-a-i-a.) Das al-les ist Deutsch-land,

D.S. (Refrain 2× wiederholen)

Beat It (Michael Jackson)

BEGLEITMODELL FÜR KLAVIER

Musik: Michael Jackson
Arr.: Stefan Bauer

Das Klavier kann alternativ auch mit Melodie-Instrumenten oder Stabspielen (Violin-Schlüssel) bzw. mit Kontrabass oder E-Bass besetzt werden (Bass-Schlüssel).

PATTERN FÜR BODY-PERCUSSION ODER VOCUSSION

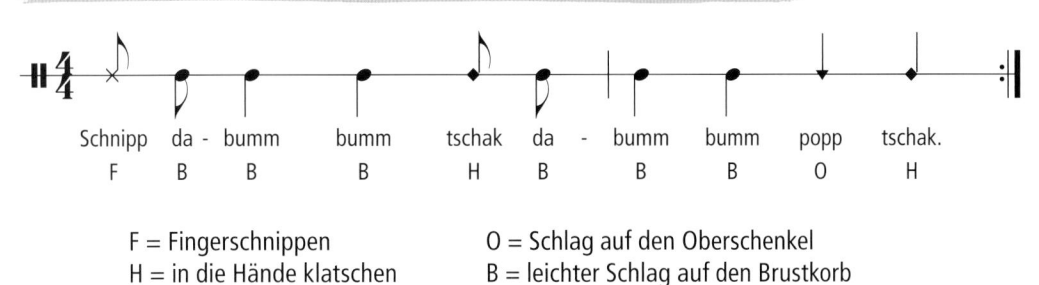

Schnipp	da - bumm	bumm	tschak	da - bumm	bumm	popp	tschak.
F	B B	B	H	B B	B	O	H

F = Fingerschnippen   O = Schlag auf den Oberschenkel
H = in die Hände klatschen   B = leichter Schlag auf den Brustkorb

Bei instrumentaler Ausführung können die Klänge verteilt werden:

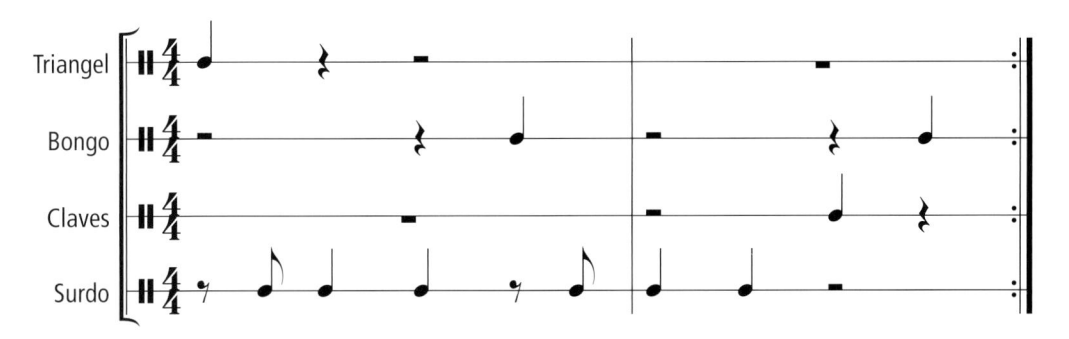

Triangel
Bongo
Claves
Surdo

Alternativ können Alltagsgegenstände verwendet werden: Triangel (hohes Instrument): mit Kugelschreiber flach auf den Tisch klopfen – hohe Bongo (helles Schlaginstrument): zuklappendes Buch – Claves oder Guiro (Geräuschpercussion): Bleistift über Ringbindung eines Buches ziehen – Surdo oder Cajon (tiefes Schlaginstrument): mit Hand flach auf den Tisch schlagen.

Beat It

BEGLEITSATZ FÜR KLAVIER

Text und Musik: Michael Jackson
Transkr.: Stefan Bauer
© Mijac Music / Warner Bros. Inc. / Warner Tamerlane Publ. Co. /
Neue Welt Musikverlag GmbH, Hamburg

Moderately fast
♩ = 138   Intro

Verse

They told him, „Don't you ev-er come a-round here. Don't wan-na see your face; you bet-ter
They're out to get you. Bet-ter leave while you can. Don't wan-na be a boy; you wanna

dis-ap-pear." The fi-re's in their eyes and their words are real-ly clear. So
be a man. You wan-na stay a-live; bet-ter do what you can. So

beat it, just beat it. You bet-ter run; you bet-ter
beat it, just beat it. You have to show them that you're

do what you can. Don't wan-na see no blood. Don't be a ma-cho man. You
real-ly not scared. You're play-in' with your life. This ain't no truth or dare. They'll

*) Zur Vereinfachung der linken Hand kann im Verse auch das Bass-Pattern des Refrains verwendet werden.

Beat It

Die Roboter (Kraftwerk)

SPIELMODELL FÜR ENSEMBLE (EINZELSTIMMEN)

Musik: Ralf Hütter,
Marion Schneider-Esleben,
Karl Bartos
Arr.: Robert Liebel

♩ = 116

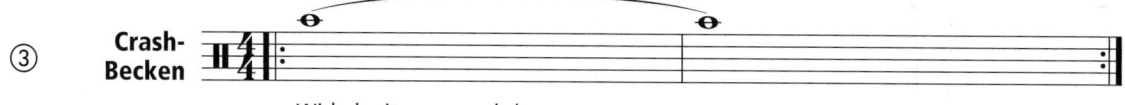

① **Xylofon 1** — mit Filzschlägel

② **Snare- + Bassdrum**

③ **Crash-Becken** — Wirbel mit *cresc.* und *decresc.*

④ **Metallofon 1**

⑤ **Metallofon 2** / **Xylofon 2**

TIPPS ZUR BESETZUNG

- Alle Stimmen können variabel mit anderen geeigneten Instrumenten besetzt werden, z. B.: Xylofon 1 mit einem Streich-Instrument; Xylofon 2 und Metallofone 1/2 mit einem Melodie-Instrument oder Klavier/Keyboard.
- Bass- und Snare-Drum können durch Bodypercussion oder durch Trommeln von der Klasse verstärkt werden. Bass-Drum: Schlag auf Brustkorb oder tiefe Tomtoms, tiefe Sambatrommeln, Djemben – Snare-Drum: Klatschen auf Oberschenkel.
- Alle Instrumente sollten aus klanglichen Gründen chorisch besetzt werden.

Die Roboter

SPIELMODELL FÜR ENSEMBLE (PARTITUR)

Arr.: Robert Liebel

TIPPS ZUR EINÜBUNG

- In der Gruppe werden zunächst ohne Instrument Snare- und Bass-Drum erarbeitet (Bass-Drum mit rechtem Fuß, Snare-Drum zur besseren Koordination mit rechter Hand). Ein einzelner Schüler übernimmt dann das Drumset.
- Anschließend werden die weiteren Patterns in der Reihenfolge ①, ③–⑤ darüber gelegt.
- Wenn alle Patterns sicher bewältigt werden, wird der sukzessive Aufbau (ähnlich der Originaleinspielung) geübt.

ABLAUF

- Ausgehend von Xylofon 1 ① treten sukzessive die Patterns von ② bis ⑤ hinzu. Nach jeweils einer Wiederholung setzt das nächste Pattern ein.
- Falls verschiedene Instrumente zur Verfügung stehen, kann die Besetzung nach Einsatz aller Stimmen gewechselt werden.
- Die Abfolge der Patterns und die Gestaltung des Breaks können variiert werden.
- Schluss durch Wegnehmen der Patterns z. B. in umgekehrter Reihenfolge oder gemeinsam durch Schlusston und Schlag auf das 1. Viertel.
- Bei einem Gesamtdurchlauf können die nicht an Instrumenten tätigen Schüler die Stimme von Bass- und Snare-Drum mitspielen.

Don't Look Back in Anger (Oasis)

BEGLEITSATZ FÜR MELODIE-INSTRUMENTE ODER STREICHQUARTETT

Musik: Noel Gallagher
Arr.: Stefan Bauer

Don't Look Back in Anger

Für eine Besetzung mit Streichquartett ist die 3. Stimme im Bratschen-Schlüssel beigefügt.

Don't Look Back in Anger

3. Stimme (im Bratschen-Schlüssel)

Arr.: Stefan Bauer

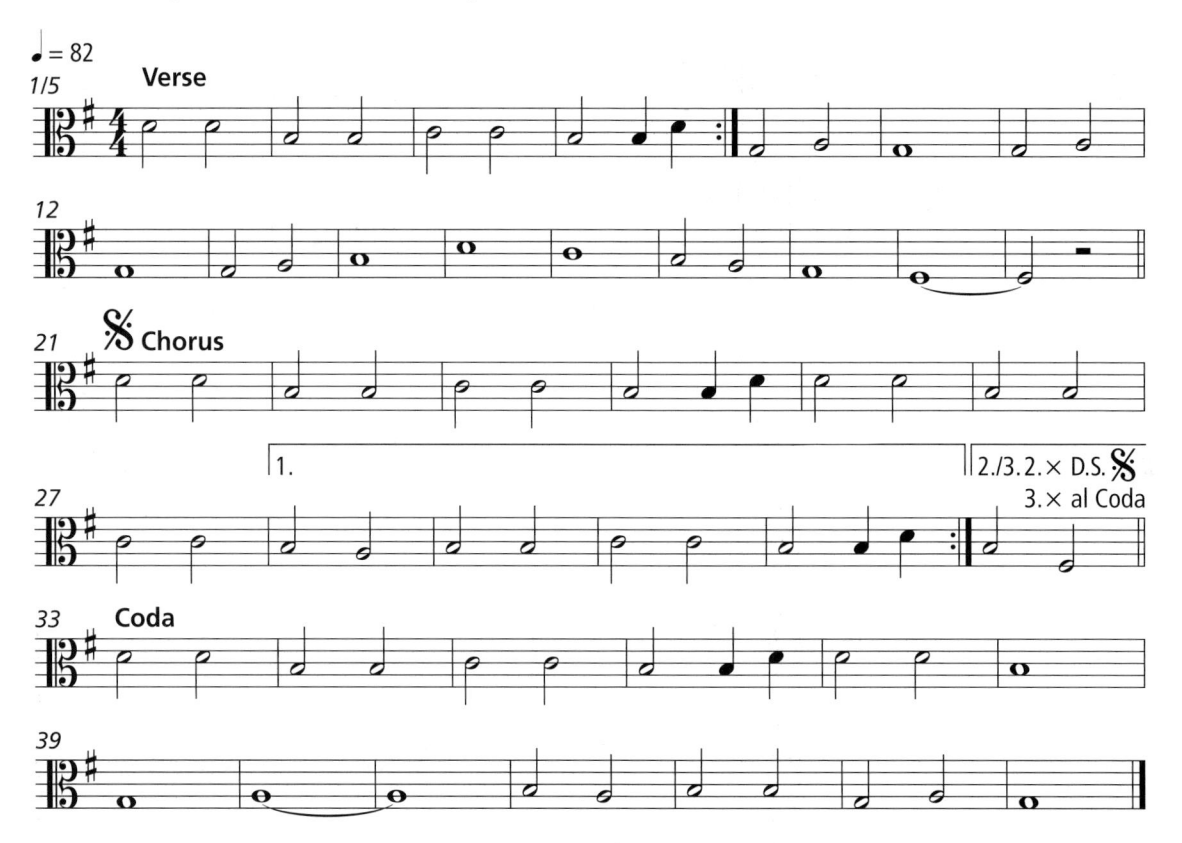

E-Bass-Grifftabelle

Pattern für Drumset

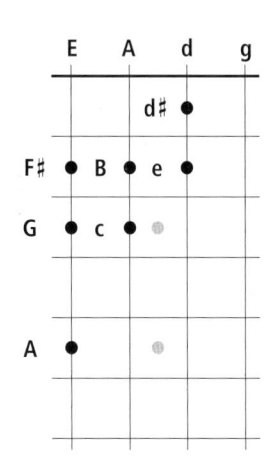

BEGLEITMODELL FÜR BAND

Musik: Noel Gallagher
Arr.: Stefan Bauer

Don't Look Back in Anger

Green Onions (Booker T. & The MG's)

SPIELMODELL FÜR BAND

Musik: T. Jones Booker, Steve Cropper,
Lewis Steinberg, Earl Jackson
Arr.: Markus Böhm

♩ = 138

Pattern für Bass

Pattern für Orgel (oder Klavier)

Schlagpattern für E-Gitarre

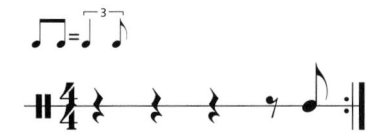

Pattern für Drumset

oder

Skala zur Improvisation (Blues-Skala in A)

Die Skala kann über alle 3 Harmonien gespielt werden. Melodische Phrasen werden in einzelnen Tönen entsprechend angepasst. Die Blue-Notes cis, dis und gis (= ♯●) sollten bevorzugt als Durchgänge gespielt werden.

POPULARMUSIK IM KONTEXT

Green Onions

GRIFFBRETT FÜR GITARRE (SKALA)

E-BASS-GRIFFTABELLE

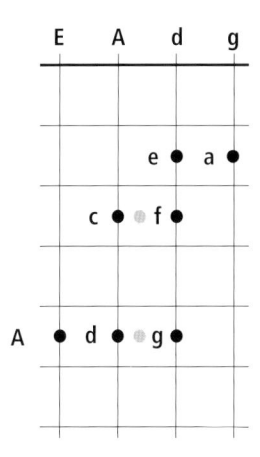

ABLAUF

- Der Ablauf von Green Onions entspricht dem häufigsten Blues-Schema: es besteht (wie die meisten Blues-Schemata) aus einer 12-taktigen Einheit. Diese wird in mittlerem Tempo fortlaufend wiederholt und dabei ternär (also swingend) ausgeführt.
- Die drei Bass-Patterns werden entsprechend dem Blues-Schema wiederholt. Diese einfache grundlegende Bassfigur („Walking Bass" aus gleichmäßigen Vierteln) prägt das Stück.
- Das Drumset hält einen vereinfachten Swing-Grundgroove durch.
- Orgel: entweder entsprechende akkordische Begleitung oder solistische, synkopierte Melodie-Einwürfe, die der Blues-Skala entnommen sind.
- E-Gitarre: prinzipiell ähnlich. Zu Anfang setzt sie begleitende, akzentuierte Akkorde, danach ebenfalls solistische Melodie-Einwürfe entsprechend der Orgel. – In den Pausen zwischen den Soli die Bass-Figuren leise und unverzerrt oktavieren (eine Oktave höher).

ABLAUF

Harmonik	4 T. Intro auf A	Blues-Schema je 1 Chorus	∕.	∕.	∕.
E-Gitarre		Chords (auf 4+)	Bass-Pattern	Bass-Pattern	Solo
Orgel (Klavier)	Orgel-Pattern	Orgel-Pattern	Solo	Solo	Orgel-Pattern
Bass	Bass-Pattern	∕.	∕.	∕.	∕.
Drums	Hi-Hat (2 und 4)	Swing-Rhythmus	∕.	∕.	∕.

Harmonik	∕.	∕.	∕.	Fadeout auf A
E-Gitarre	Solo	Bass-Pattern	Bass-Pattern	Solo
Orgel (Klavier)	Orgel-Pattern	Solo	Solo	Orgel-Pattern
Bass	∕.	∕.	∕.	∕.
Drums	∕.	∕.	∕.	∕.

BLUES-SCHEMA

Am	Am	Am	Am	
Dm	Dm	Am	Am	
Em	Dm	Am	Am :	

Green Onions

BEISPIEL FÜR DIE ENTWICKLUNG EINER IMPROVISATION

Eine Improvisation kann sehr gut in einzelnen Schritten aufgebaut werden und sich neben der harmonischen an der typischen melodischen Struktur des Blues-Schemas orientieren: Die erste und zweite 4-Takt-Gruppe sind häufig melodisch ähnlich oder sogar identisch. Die dritte 4-Takt-Gruppe bringt neues oder verdichtetes Material. Entsprechend dem Call-and-Response-Prinzip können die Takte in zwei 2-Takt-Gruppen aufgeteilt werden.

Mit einfachen 2- bis 3-Ton-Motiven, die jeweils zu Beginn einer 4-Takt-Gruppe gespielt werden, kann man das Takt-Schema gut hörend verfolgen, z. B.:

Die kurzen Motive können mit Auftakten erweitert werden, die die Zieltöne von oben oder von unten anspielen, z. B.:

Die Motive können ebenso auf 2- oder 4-taktige Phrasen erweitert werden, die sich in die Taktstruktur des Blues-Schemas einfügen:

Die Beispiele können auf alle Tonstufen übertragen werden. Hilfreich ist, sich an Gerüsttönen zu orientieren, die zugleich Zieltöne sein können. Stabiler und somit abschließender sind dabei a, c und e (1., 3. und 5. Ton der Tonleiter). Bei rhythmischer Wiederholung der Motive können die Tonhöhen variiert werden, bei melodischer Wiederholung entsprechend der Rhythmus.

POPULARMUSIK IM KONTEXT

Green Onions

IMPROVISATIONSANREGUNG IN C

IMPROVISATIONSANREGUNG IN ES (Z.B. ALT-SAXOFON)

Skala zur Improvisation in Es (Blues-Skala klingend in A)

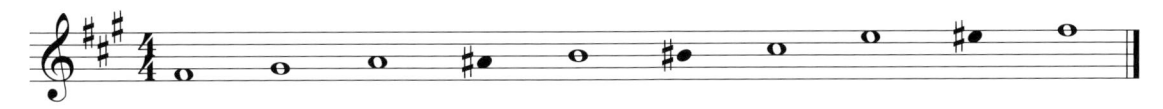

Griechischer Wein (Udo Jürgens)

BEGLEITSATZ FÜR KLAVIER

Text: Michael Kunze
Musik: Udo Jürgens
© by Montana, München

Griechischer Wein

Refrain

Grie-chi-scher Wein ist so wie das Blut der Er-de. Komm, schenk dir ein,
Grie-chi-scher Wein und die alt-ver-trau-ten Lie-der, schenk noch mal ein!

und wenn ich dann trau-rig wer-de, liegt es da-ran, dass ich im-mer träu-me von da-
Denn ich fühl die Sehn-sucht wie-der, in die-ser Stadt werd ich im-mer nur ein Frem-der

1. heim, _____ du musst ver-zeih'n.
2. sein und al-

lein. 3. Und dann er- lein!

Hells Bells (AC/DC)

SPIELMODELL FÜR BAND

Musik: Brian Johnson, Malcolm Young, Angus Young
Arr.: Wieland Schmid

> **TIPPS ZUR EINÜBUNG**
>
> Das Spielmodell zeigt nur den Anfang des Songs. Beim ersten Versuch empfiehlt es sich, es sukzessive einzuüben und vom stabilen Rhythmus von Snare- und Bass-Drum auszugehen. Der Aufbau des Originals (Einsatz des Riffs in die metrisch verschobenen Glockenschläge, danach die anderen Stimmen) ist vergleichsweise anspruchsvoll und gelingt besonders in sehr guten Lerngruppen.

POPULARMUSIK IM KONTEXT

I Wanna Hold Your Hand (The Beatles)

BEGLEITSATZ FÜR KLAVIER

Text und Musik: John Lennon, Paul McCartney
Arr.: André Schmidt

Die Oberstimmen (Violin-Schlüssel) können alternativ mit Keyboard bzw. drei Melodie-Instrumenten besetzt oder auf Vokalisen gesungen werden (z. B. „uh"). Das Arrangement eignet sich auch als Streichquartett-Satz.

I Wanna Hold Your Hand

SCHLAGPATTERN FÜR GITARRE

BEGLEITMODELL (GEZUPFT) FÜR GITARRE

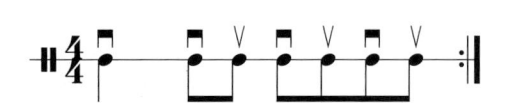

BEGLEITMODELL FÜR E-BASS

PATTERNS FÜR DRUMSET

E-BASS-GRIFFTABELLE

Pattern 1

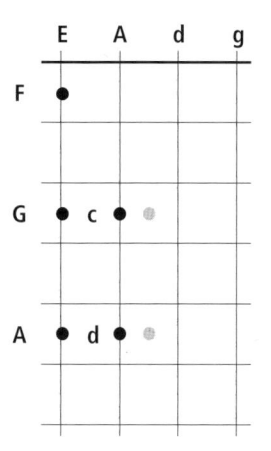

Pattern 2

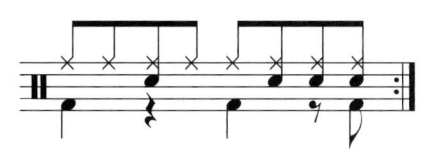

Break

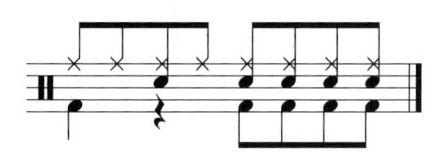

Die Patterns können auch auf mehrere Spieler aufgeteilt werden.
Ablauf: Patterns 1 und 2 für Verse, Break vor Dal Segno (T. 24).

Arr.: André Schmidt

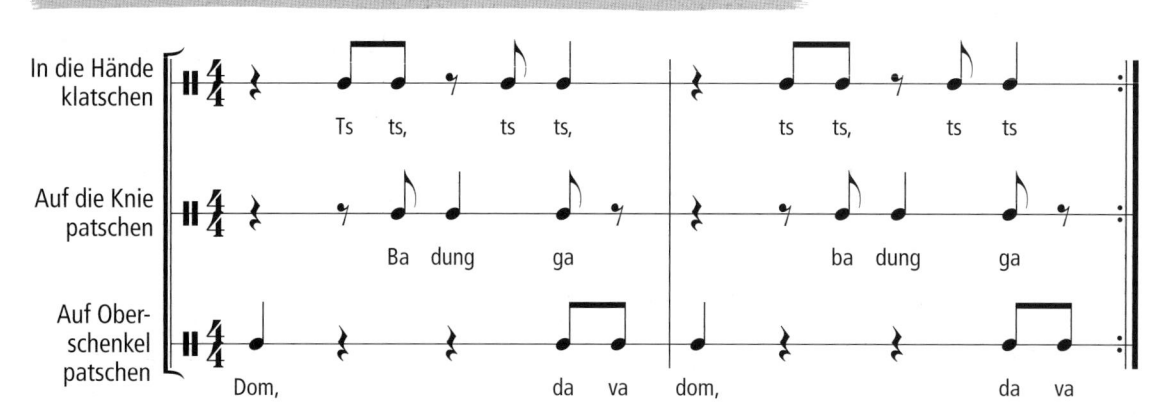

PATTERN FÜR BODYPERCUSSION ODER VOCUSSION

In die Hände klatschen: Ts ts, ts ts, ts ts, ts ts

Auf die Knie patschen: Ba dung ga, ba dung ga

Auf Oberschenkel patschen: Dom, da va dom, da va

Beide Patterns (Bodypercussion und Vocussion) können gleichzeitig oder verteilt eingesetzt und dabei an die Abschnitte des Songs angepasst werden.

POPULARMUSIK IM KONTEXT

La Bohème (Charles Aznavour)

BEGLEITSATZ FÜR KLAVIER

Text: Jacques Plante; Musik: Charles Aznavour
Arr.: Stefan Bauer
© Djanik Editions Musicales /
Edition Marbot GmbH, Hamburg

♩ = 108 **Intro**

Verse

1. Je vous par-le d'un temps que les moins de vingt ans ne peu-vent pas con-naî-tre.

Mont-mar-tre en ce temps - là ac-cro-chait ses li - las jus-que sous nos fe-

nêtres et si l'hum-ble gar - ni qui nous ser-vait de nid ne pay-ait pas de mi - ne,

c'est là qu'on s'est con - nu, moi qui cri-ait fa - mine et toi qui po-sais nue.

POPULARMUSIK IM KONTEXT

La Bohème

Refrain

17 La bo-hè-me, la bo-hè-me, ça vou-lait dire, on
   Am A⁷   Dm   Dm/B   Am   Am   Dm

23 est heu-reux. La bo-hè-me, la bo-hè-me, nous ne man-
   E⁷   Am   A⁷   Dm   Dm/B   Am   Am

30 gions qu'un jour sur deux. *(1.–3.)* (4.) dire du tout.
   Dm   E⁷   Am   Am A⁷   E⁷   Am   Am

37 (𝄌) optionales Begleitspiel für Refrain nach Verse 3 und 4*)
   (3./4.) La bo-hè-me, la bo-hè-me,
   Am   Dm   Dm   Am

41 ça vou-lait dire, on a vingt ans.
   Am   Dm   E⁷   Am

La Bohème

*) Das optionale Begleitspiel für den Refrain kann alternativ auch als Nach- bzw. Zwischenspiel eingesetzt werden.

La vie en rose (Edith Piaf)

BEGLEITSATZ FÜR KLAVIER

Text: Edith Piaf; Musik: Louiguy
Arr.: Stefan Bauer
© 1947 by Arpege Editions Musicals, Paris /
Für Deutschland: Edition Marbot GmbH, Hamburg

Intro — ♩ = 84 — *rit.* — **Verse**
1. Des yeux qui font baiser les miens, un rire qui se perd sur sa bouche, voilà le portrait, sans retouche, de l'homme auquel j'appartiens.

Refrain
Quand il me prend dans ses bras, il me parle tout bas, je vois la vie en rose, il me dit des mots d'amour, des mots de tous les

La vie en rose

Lili Marleen (Lale Andersen)

BEGLEITSATZ FÜR KLAVIER

Text und Musik: Norbert Schultze, Hans Leip
Arr.: Ludwig Schmid, Bearb.: Stefan Bauer
© Apollo Verlag, Paul Lincke GmbH, Mainz

1. Vor der Kaserne, vor dem großen Tor, stand eine Laterne und steht sie noch davor. So woll'n wir uns da wiedersehn, bei der Laterne woll'n wir steh'n, wie einst Lili Marleen, wie einst Lili Marleen. (Fine) (D.S.)

Optionaler Begleitsatz zu den Strophen oder als Nach- bzw. Zwischenspiel (Solo)

Material Girl (Madonna)

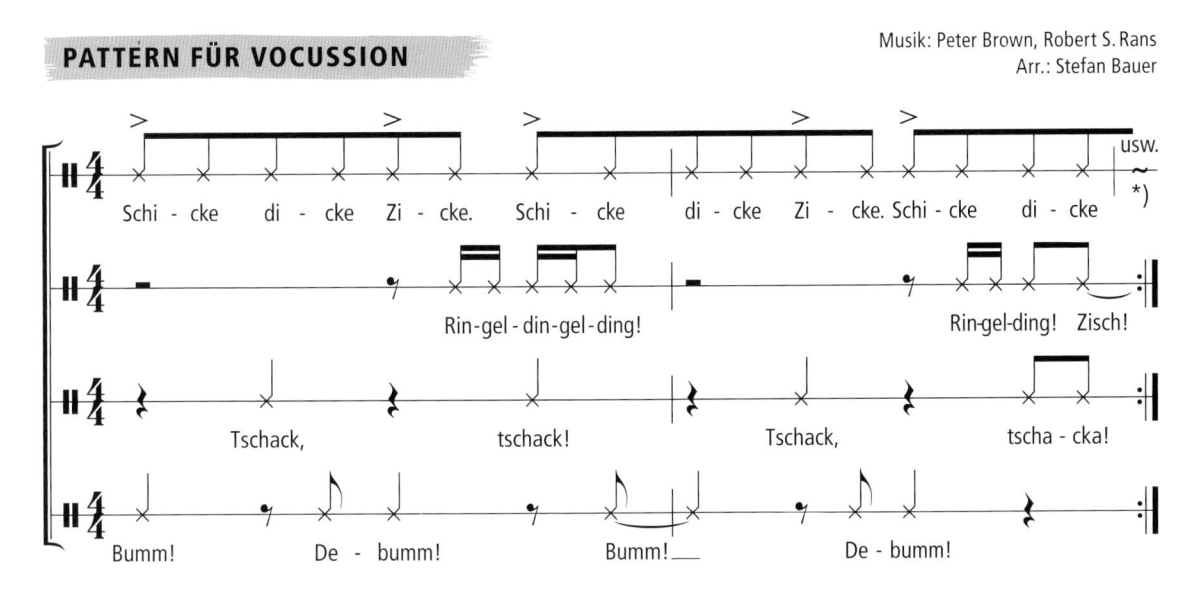

PATTERN FÜR VOCUSSION

Musik: Peter Brown, Robert S. Rans
Arr.: Stefan Bauer

Schi-cke di-cke Zi-cke. Schi-cke di-cke Zi-cke. Schi-cke di-cke usw.

Rin-gel-din-gel-ding! Rin-gel-ding! Zisch!

Tschack, tschack! Tschack, tscha-cka!

Bumm! De-bumm! Bumm! De-bumm!

Die Vokale kaum hörbar sprechen, sodass fast nur die Konsonanten zu hören sind.

*) Die oberste Stimme im dritten Takt weiterführen, so dass das Pattern erst im vierten Takt wieder volltaktig einsetzt.

> **TIPPS ZUR BESETZUNG (FÜR KLAVIER-BEGLEITSATZ, S. 66)**
> - Bridge: Die Gesangsstimme kann auf Jungen (tiefe Stimme) und Mädchen (Einwürfe, hohe Stimmen) aufgeteilt werden.
> - In T. 36–39 können die einzelnen Takte auf 4 Gruppen aufgeteilt werden.

Material Girl

BEGLEITSATZ FÜR KLAVIER

Text: Peter Brown
Musik: Peter Brown, Robtert S. Rans
Transkr.: Stefan Bauer
© Minony Publ. Co. / Für D/A/CH:
Neue Welt Musikverlag GmbH, Hamburg

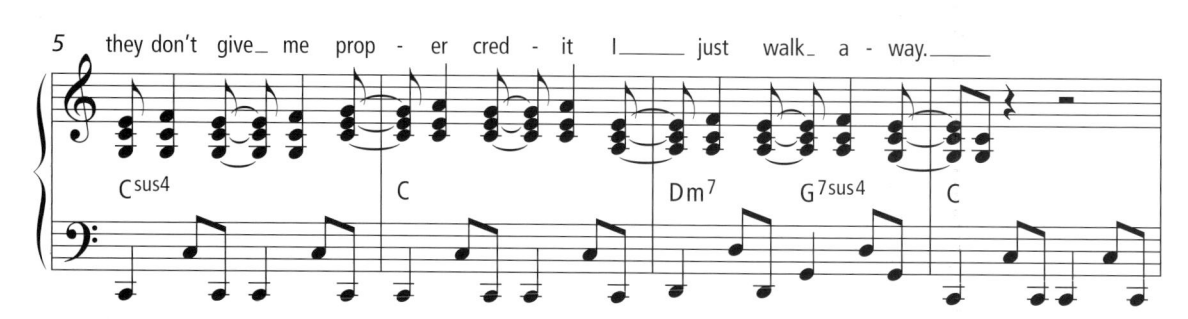

Medium tempo
♩ = 138

1. Some boys kiss me, some boys hug me. I think they're O. K. If they don't give me proper credit I just walk away.

They can beg and they can plead but they can't see the light, (that's right.)

Material Girl

Material Girl

Der Ablauf des Begleitsatzes folgt dem Leadsheet im Schülerband. Ablauf der CD-Original-Aufnahme: Bei Wdh. des Chorus in Verse 2 wird nach T. 24 wiederholt, dann zusätzlich 4 Takte einfügen (Wdh. T. 24–27).
→ Tipps zur Besetzung s. S. 65

Love Me Tender (Elvis Presley)

BEGLEITSATZ FÜR KLAVIER

Text und Musik: Vera Matson, Elvis Presley
Arr.: André Schmidt
© Elvis Presley Music / Cherry Lane Music Publishing /
Global Musikverlag, München / Cherry Lane Germany GmbH

♩ = 88 — Intro

1. Love me tender, love me sweet, never let me go.
You have made my life complete, and I love you so.
Love me tender, love me true, all my dreams fulfill,
for my darlin', I love you, and I always will.

*) Zur Vereinfachung können die Mittelstimmen in die linke Hand genommen werden.

POPULARMUSIK IM KONTEXT

Love Me Tender

BEGLEITSATZ FÜR MELODIE-INSTRUMENTE ODER VOKALE STIMMEN

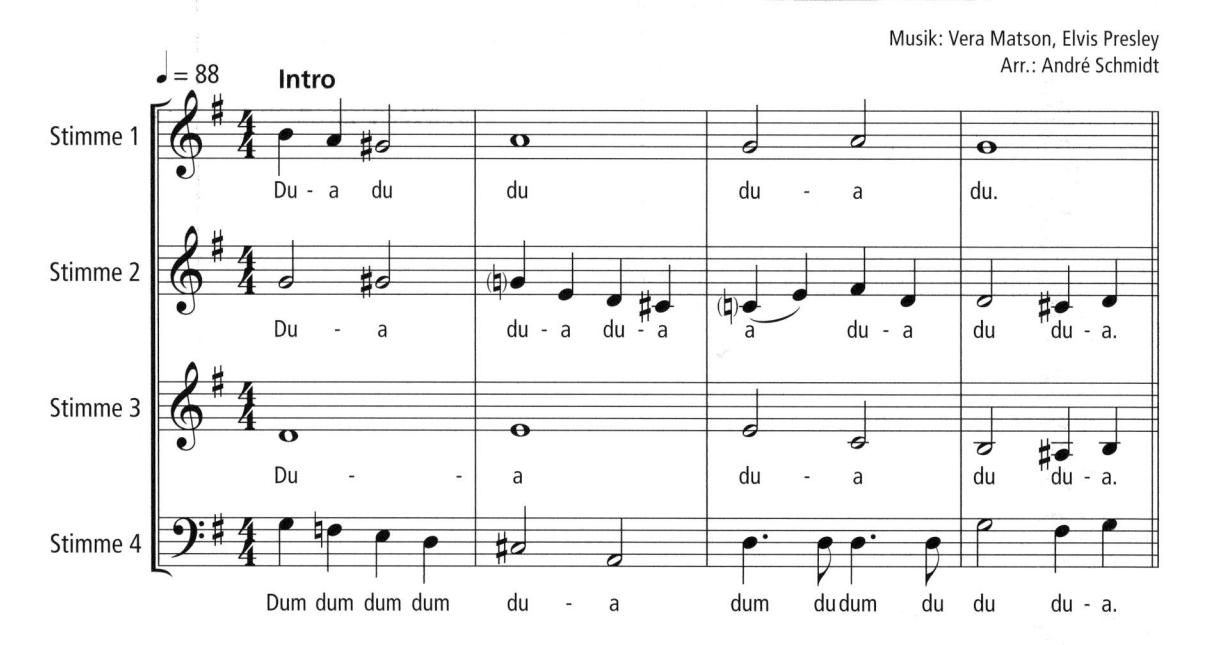

Musik: Vera Matson, Elvis Presley
Arr.: André Schmidt

Love Me Tender

BEGLEITSTIMME E-BASS FÜR JEDERMANN

(Intro)

Zählzeit		1	2	3	4	1	2	3	4	1	2	3	4	1	2	3	4
Note	4/4	G		E		A		E		D		D		G		D	
Saite		4		1		2		1		3		3		4		3	

1/5

Zählzeit	1	2	3	4	1	2	3	4	1	2	3	4	1	2	3	4
Note	:G		D		A		E		D		A		G		D	:
Saite	4		3		2		1		3		2		4		3	

9

Zählzeit	1	2	3	4	1	2	3	4	1	2	3	4	1	2	3	4
Note	G		A		E		D		G		G		G		D	
Saite	4		2		1		3		4		4		4		3	

13

Zählzeit	1	2	3	4	1	2	3	4	1	2	3	4	1	2	3	4
Note	G		E		A		E		D		D		G			
Saite	4		1		2		1		3		3		4			

Minstrel Boy (Bob Dylan)

BEGLEITSATZ FÜR KLAVIER

Text und Musik: Bob Dylan
Arr.: Stefan Bauer
© Big-Sky-Music / Sony /
ATV Music Publishing GmbH, Berlin

Moderately slow, ♩ = 76

Intro — **Chorus**

Who's gonna throw that minstrel boy a coin? Who's gonna let it roll? Who's gonna throw that minstrel boy a coin? Who's gonna let it down easy to save his soul?

to Coda

Verse 1. Oh look, he's drivin' a long, long time there, he still sits on top of the hill.

72 | POPULARMUSIK IM KONTEXT

Minstrel Boy

BEGLEITSTIMME FÜR E-BASS

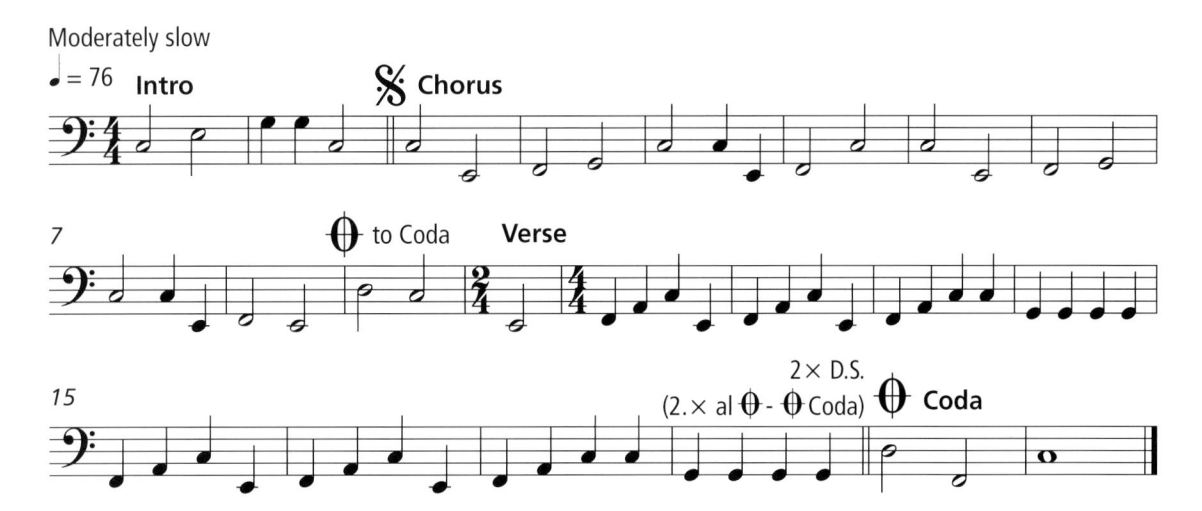

My Way (Frank Sinatra)

Text: Paul Anka
Musik: Jacques Revaux,
Claude François
Arr.: Stefan Bauer

© Editions Musicales Eddie Barclay / Jeune Musique / Edition Marbot GmbH, Hamburg

BEGLEITMODELLE FÜR KLAVIER

Modell 1

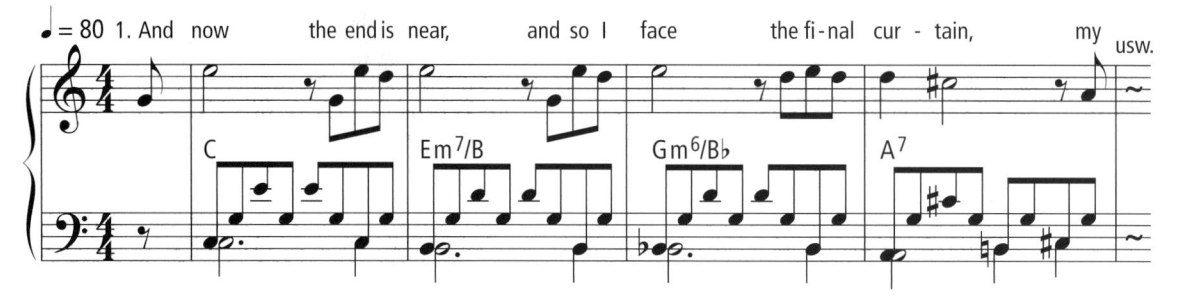

Modell 2

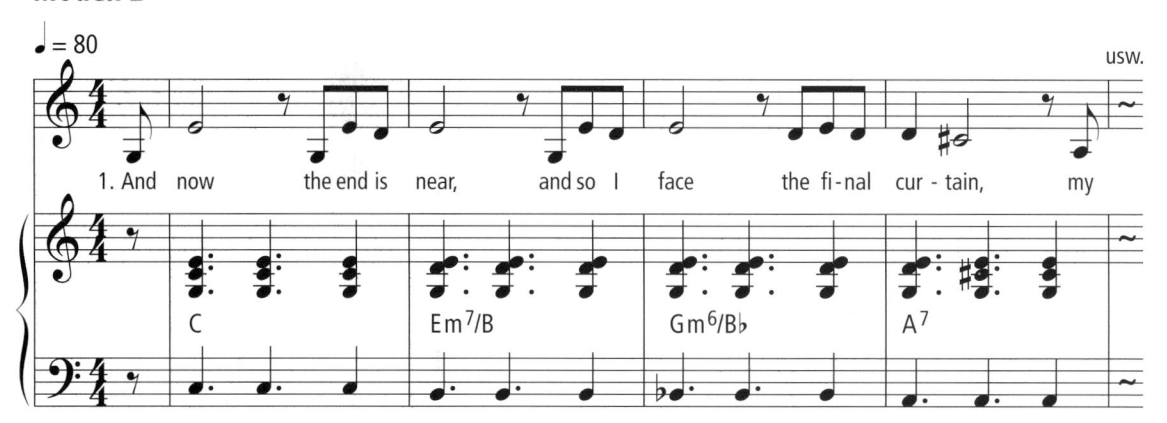

Modell 3

TIPPS ZUR BESETZUNG

- Percussion: Der Rhythmus von Modell 2 kann auch von Claves übernommen werden.
- Die Bass-Linien aller drei Modelle können vom E-Bass oder einem anderen Bass-Instrument übernommen werden.

TIPPS ZUR AUSFÜHRUNG

- Modell 1 orientiert sich an der Interpretation von Frank Sinatra. Die Basstöne der gebrochenen Dreiklänge werden im Pedal gehalten, so dass sich eine 2. Stimme ergibt.
- Modell 2 (mit genretypischem Rhythmus) passt gut zu den ruhigeren Stellen im 1. Teil.
- Für den dynamisch deutlich gesteigerten 2. Teil eignet sich Modell 3.

POPULARMUSIK IM KONTEXT

Nathalie aus Leningrad (Udo Lindenberg)

BEGLEITSATZ FÜR KLAVIER

Text: Udo Lindenberg, Angelina Maccarone
Musik: Hendrik Schaper
Arr.: André Schmidt
© Universal Music Publ. GmbH, Berlin

♩ = 128 **Intro**

(Notenbeispiel mit Akkorden: Bm – A/B – Bm – A/B – G/B)

(Wiederholung: Bm – A/B – Bm – A/B – G/B)

1 Nie vergess ich Leningrad, nie vergess ich Nathalie.
(Bm – A/B – Bm – A/B – G/B)

5 Weiße Nächte in der Stadt, lief mit dir die Straßen lang,
(Bm – A/B – Bm – A/B – G/B)

9 verstanden uns sofort, obwohl ich kein Wort Russisch
(D⁶ – A/D – D⁶ – A/D – G/D)

Nathalie aus Leningrad

Nathalie aus Leningrad

(Sheet music excerpt, measures 40–69)

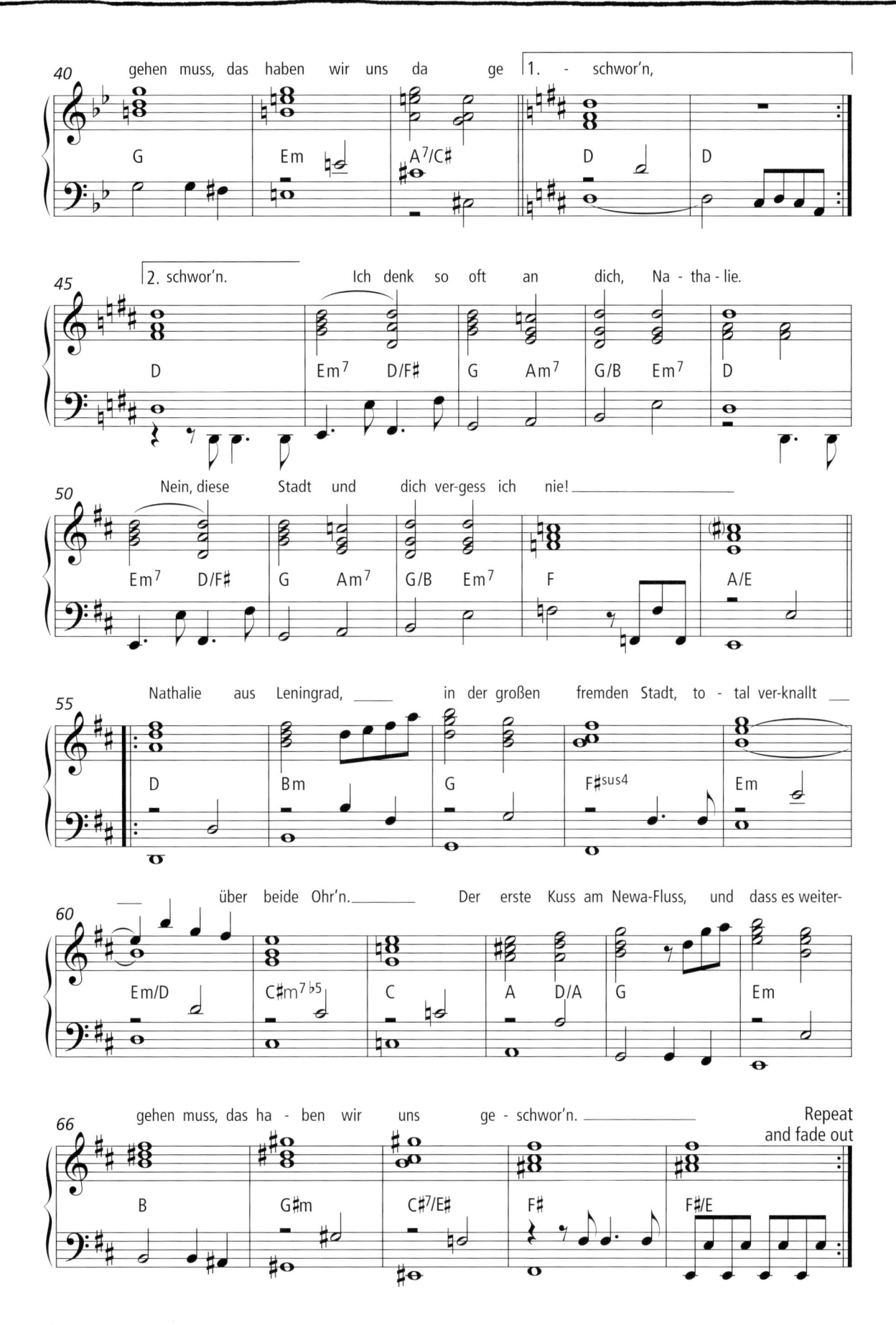

Paint it Black (The Rolling Stones)

BEGLEITSATZ FÜR KLAVIER

Text und Musik: Mick Jagger, Keith Richards
Transkr.: Robert Liebel
© 1966 by Mirage Music Ltd. /
D/CH: Essex Musikvertrieb GmbH, Hamburg

♩ = 152 Intro

1. I see a red door and I want it painted black,

no colors anymore, I want them to turn black, (in Verse 6 D.S. al ⊕-⊕)

I see the girls walk by dressed in their summer clothes,

I have to turn my head until my darkness goes.

Paint it Black

Proud Mary (Creedence Clearwater Revival)

BEGLEITSATZ FÜR KLAVIER

Musik: John Foggerty
Arr.: André Schmidt

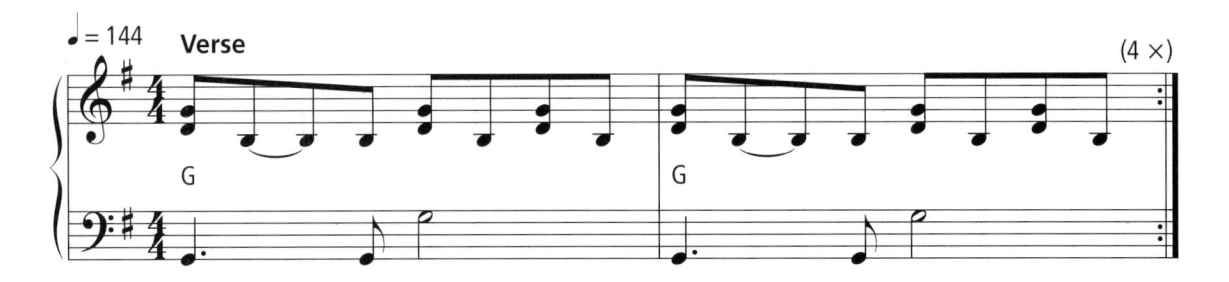

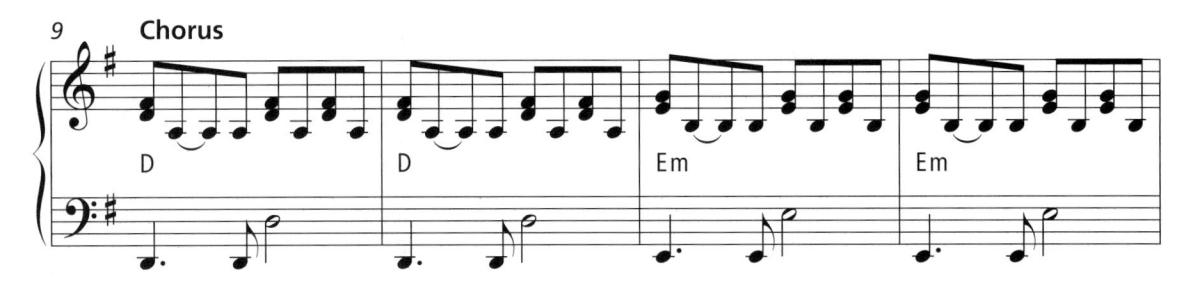

BEGLEITSATZ FÜR KEYBOARD (ODER 3 MELODIE-INSTRUMENTE)

Proud Mary

SCHLAGPATTERN FÜR GITARRE

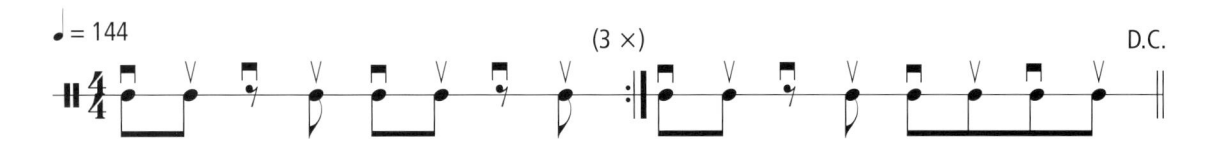

BEGLEITMODELL FÜR E-BASS

PATTERN FÜR DRUMSET

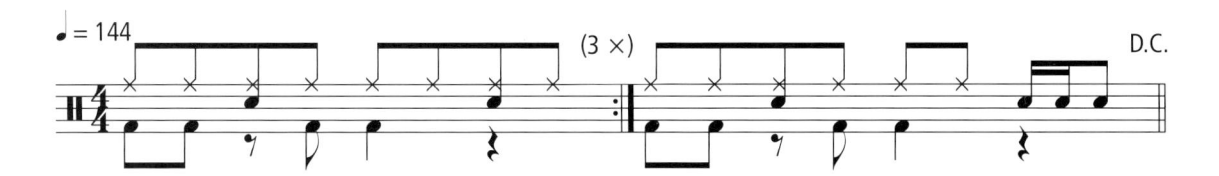

Das Pattern kann auch auf mehrere Spieler aufgeteilt werden.

BEGLEITSATZ FÜR STABSPIELE

Verse

	1	2	3	4	1	2	3	4	1	2	3	4	1	2	3	4
1. Stimme	h			h	h				h			h	h			
2. Stimme	g			g	g				g			g	g			
3. Stimme	d			d	d				d			d	d			

Chorus

9

	1	2	3	4	1	2	3	4	1	2	3	4	1	2	3	4+
1. Stimme	d		d		d				e			e	e			e
2. Stimme	a		a		a				h			h	h			h
3. Stimme	f#		f#		f#				g			g	g			g

13

	1+	2	3	4+	1+	2	3	4+	1+	2	3	4	1	2	3	4
1. Stimme	d			d	d			d	d			c	h	h		
2. Stimme	h			h	h			h	h			a	g	g		
3. Stimme	g			g	g			g	g			e	d	d		

Saturday Night (Frank Sinatra)

BEGLEITSATZ FÜR KLAVIER

Text: Sammy Cahn
Musik: Jule Styne
Arr.: André Schmidt
© Cahn Music Co. & Barton Music Corp. /
Neue Welt Musikverlag GmbH & Co. KG

♩ = 160 Intro

1. Sa-turday Night is the lone-li-est night in the week.

4. 'Cause that's the night that my sweet-ie and I used to dance cheek to cheek.

7. I don't mind Sun-day night at all

10. 'cause that's the night friends come to call. And

82 | POPULARMUSIK IM KONTEXT

HI-S5869

Saturday Night

13 Monday to Friday go fast_____ and an-
15 other week is past,_____ but Saturday Night_____ is the lone-
18 liest night_____ in the week._____ I sing the
21 song that I sang_____ for the mem'ries I usually seek._____
24 Until I hear you at the door,_____ until you're

Saturday Night

27 in my arms once more. Sa - tur-day Night is the lone -

Am A⁷ E⁷ Am   Fm   C   A⁷

30 - li - est night in the week. **1.**

Dm   G⁷   C   G⁺⁷   C   G⁺⁷

33 **2.**

C   B♭⁷   Dm⁷   G⁺⁷   C

BEGLEITMODELL FÜR KLAVIER

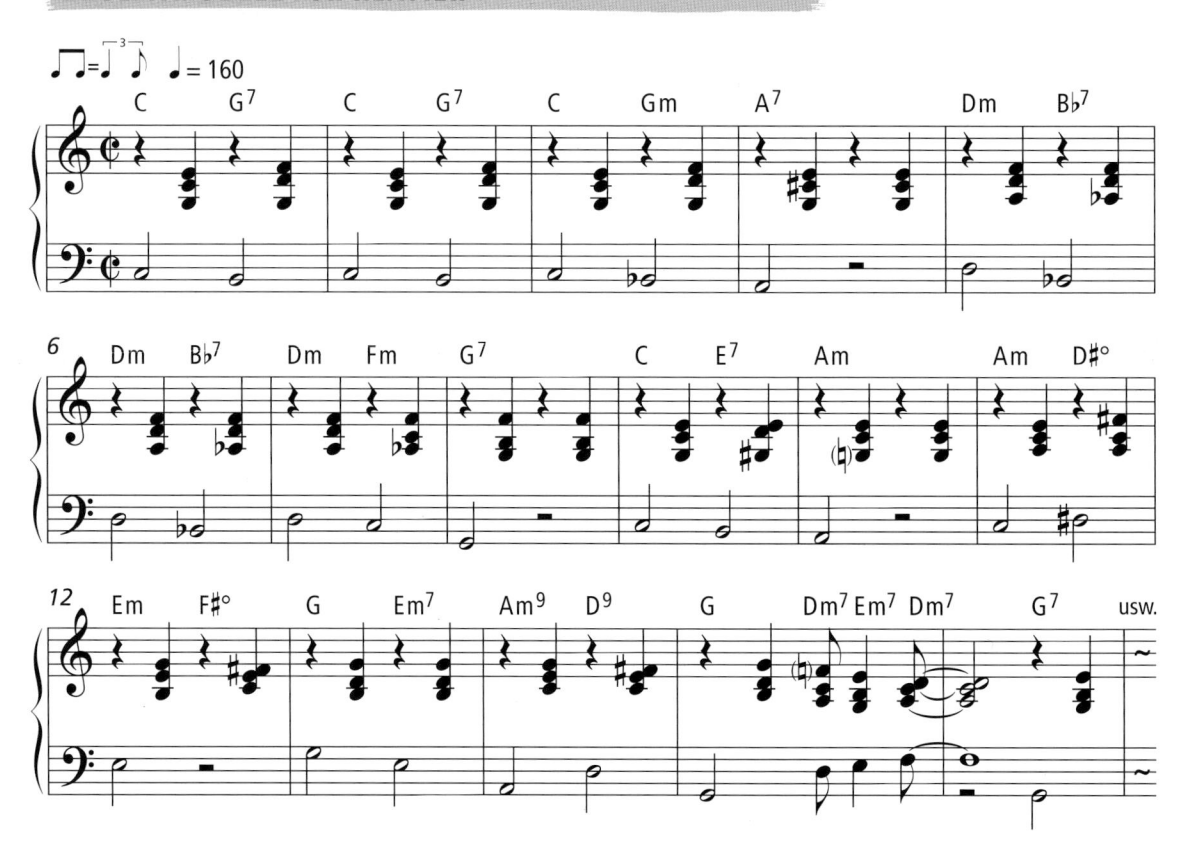

♩♩ = ♩³♪   ♩ = 160

C G⁷ | C G⁷ | C Gm A⁷ | Dm B♭⁷

6 Dm B♭⁷ | Dm Fm | G⁷ | C E⁷ Am | Am D♯°

12 Em F♯° | G Em⁷ | Am⁹ D⁹ | G | Dm⁷ Em⁷ Dm⁷ G⁷ usw.

San Francisco (Scott McKenzie)

BEGLEITMODELL FÜR KLAVIER

Text und Musik: John Phillips
Arr.: Wieland Schmid
© MCA Music Inc. / D/A/CH/Osteuropa: Universal
Music Publ. GmbH / MCA Music GmbH, Hamburg

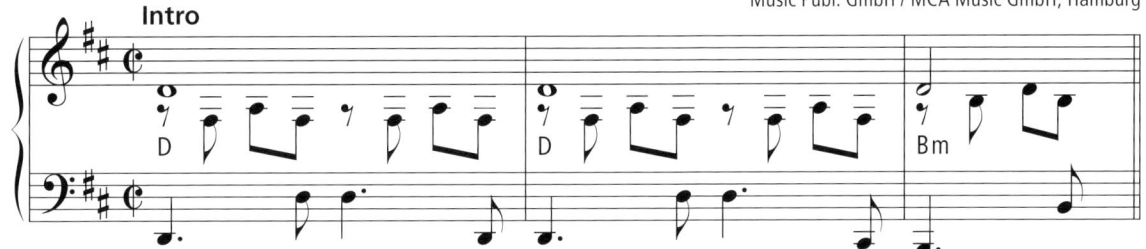

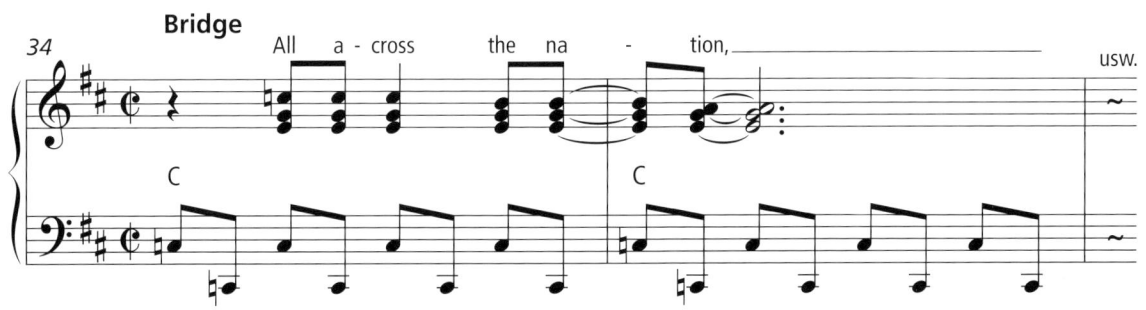

BEGLEITMODELL FÜR E-BASS

TIPP ZUR BESETZUNG

Zur einfachen Begleitung eignen sich auch Gitarren und ein zurückhaltend gespieltes Schlagzeug mit Rock-Grundschlag.

School Days (Chuck Berry)

BEGLEITSATZ FÜR KLAVIER

Text und Musik: Chuck Berry
Arr.: André Schmidt

© 1957 by Arc Music Corp. / Coachman Edition

School Days

PATTERN FÜR E-BASS

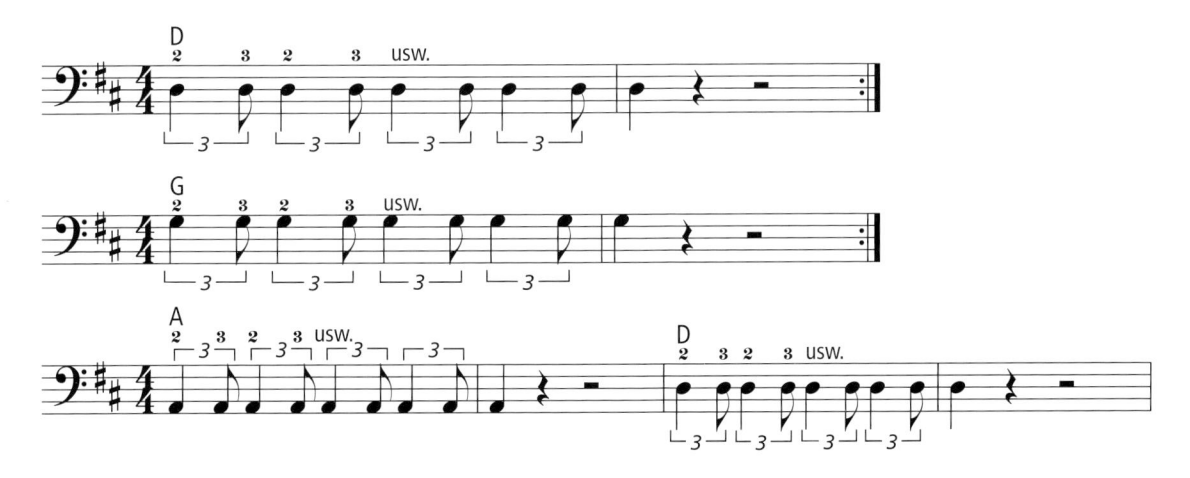

School Days

BEGLEITPATTERN FÜR MELODIE-INSTRUMENTE

PATTERN FÜR DRUMSET

BEGLEITMODELL E-BASS FÜR JEDERMANN

Zählzeit		1	2	3	4	1	2	3	4	1	2	3	4	1	2	3	4	usw.
Note	4/4	D			D	D			D	D			D	D			D	~
Saite		3			3	3			3	3			3	3			3	

TIPPS ZUR EINÜBUNG

- Der E-Bass kann auch von Anfängern mit gestrecktem Zeige- und Mittelfinger auf leeren Seiten gespielt werden.
- Das Drumset kann auch auf 2 oder 3 Spieler aufgeteilt werden. Alternativ dazu können Percussion-Instrumente verwendet werden.

Star-Spangled Banner

BEGLEITSATZ FÜR KLAVIER

Text: Francis Scott Key
Melodie: John Stafford Smith
Arr.: Wieland Schmid

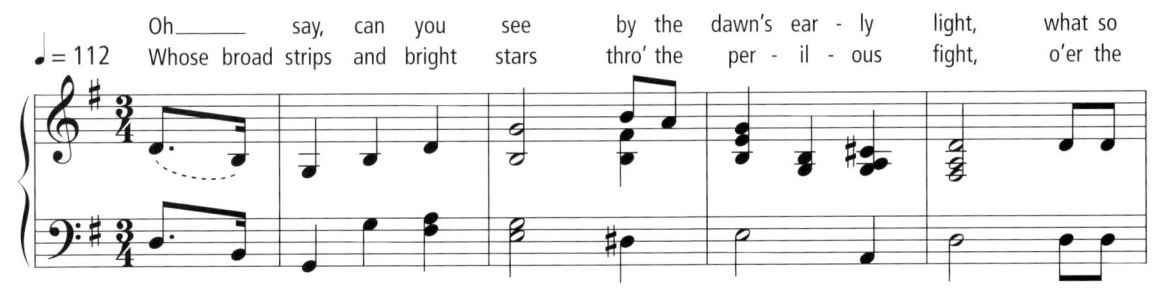

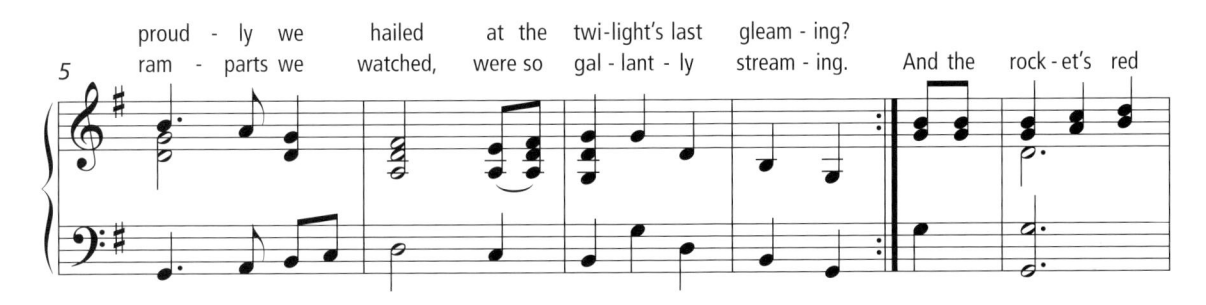

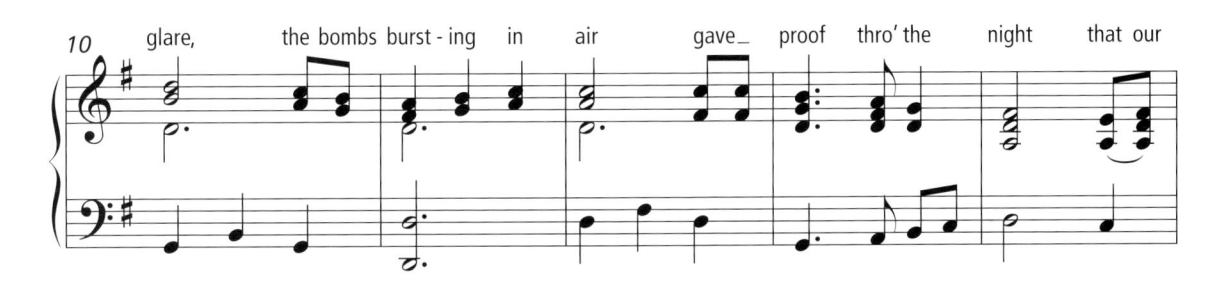

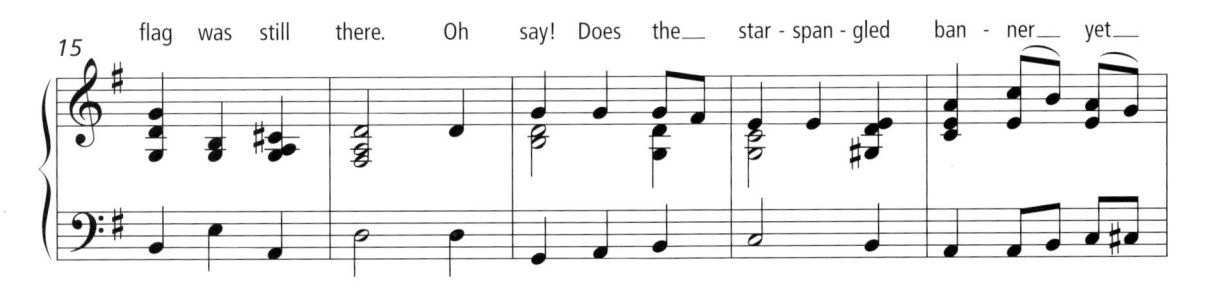

The Ghost of Tom Joad (Bruce Springsteen)

BEGLEITSATZ FÜR KLAVIER

Text und Musik: Bruce Springsteen
Arr.: Stefan Bauer
© Bruce Springsteen Music /
Rondor Musikverlag GmbH

The Ghost of Tom Joad

Chorus 1–3

Im Begleitsatz erklingt die Melodie eine Oktave höher als die Gesangsstimme (vgl. Schülerbuch).

This Little Girl of Mine (Ray Charles)

BEGLEITSATZ FÜR KLAVIER

Text und Musik: Ray Charles
Arr.: Stefan Bauer
© Unichappell Music Inc. /
Chappell & Co. GmbH & Co. KG

♩ = 176   Intro

F | F | Fm7♭5 | Fm7♭5

Verse
1. Do you know that

F | Dm | Gm7 | B♭/C | F | F

1 this lit-tle girl of mine___ I want you peo-ple to know.____
F | F | F7 | F7

5 This lit-tle girl of mi - ne___ I take her ev'r-y-where I go.___ One day I
B♭7 | B♭7 | F | F

Chorus
9 looked at my suit, my suit was new,__ I looked at my shoes, and they__ where too. And that's why
F | F/A | B♭7 | B°

92 | POPULARMUSIK IM KONTEXT

HI-S5869

This Little Girl of Mine

PATTERN FÜR DRUMSET

E-BASS-GRIFFTABELLE

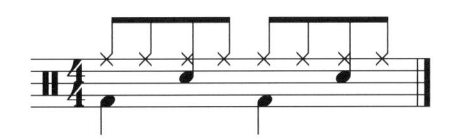

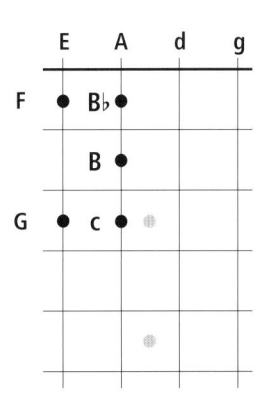

TIPPS ZUR AUSFÜHRUNG

- Die Begleitfigur in der linken Hand kann zur Verstärkung des Offbeats durch vorgezogene Achtel im Daumen variiert werden.

- Das Drumset-Pattern kann auch als Bodypercussion ausgeführt werden: Stampfen (Bass-Drum), Klatschen (Snare-Drum), Zischlaute oder Fingerklopfen (Hi-Hat).

This Town is Not for Me (Johnny Cash)

BEGLEITSATZ FÜR KLAVIER

Text und Melodie: Johnny Cash
© House of Cash Southwind Music /
BUG Music Musikverlagsgesellschaft München

♩ = 92 Moderately

Intro

1. This town ain't for me, I won't be stayin' 'round. This town is hard and cold, I'm not hap-py in this town. I'll pick up my heart and I'll

This Town is Not for Me

*) Für ein optionales Zwischenspiel T. 25–32 wiederholen. Ebenso eignen sich diese 8 Takte als alternatives Intro, passend zum Begleitsatz für Ensemble (vgl. S. 96, Intro; Melodie leicht variiert).

This Town is Not for Me

BEGLEITSATZ FÜR ENSEMBLE (VIOLINE, E-GITARRE UND BASS-GITARRE)

Text und Melodie: Johnny Cash
Transkr.: Stefan Bauer
© House of Cash Southwind Music /
BUG Music Musikverlagsgesellschaft München

Moderately
♩ = 92

Intro (Zwischenspiel *ad lib.*)

1. This town ain't for me, ___ I

This Town is Not for Me

6
won't be stay-in' 'round. This town is hard and cold,

F G⁷ G⁷ C C E⁷ Am

12
I'm not hap-py in this town.

Am F G⁷ C F C

17
I'll pick up my heart and I'll go, Where to I

Am Am Em C C Am

This Town is Not for Me

...don't care or know. Don't mat-ter where I'll be found, ...as long as I leave this town. ...long as I leave this town.

This Town is Not for Me

BEGLEITSATZ FÜR 2 MELODIE-INSTRUMENTE ODER STABSPIEL

Arr.: Stefan Bauer

Moderately ♩=92 — Intro (Zwischenspiel *ad lib.*)

PATTERN FÜR DRUMSET

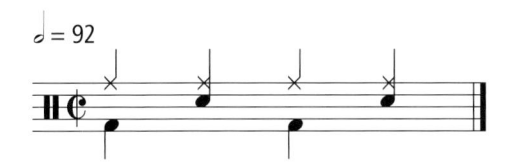

♩=92

TIPPS ZUR BESETZUNG

- Der Klaviersatz kann auch instrumental besetzt werden: Der Violinschlüssel kann auf 2 bzw. 3 Melodie-Instrumente aufgeteilt werden, der Bass-Schlüssel wird von einem Melodie-Instrument gespielt.
- An die Stelle der Violine können im Begleitsatz für Ensemble andere Solo-Instrumente treten; die Bass-Gitarre kann durch andere Bass-Instrumente ersetzt werden.

ABLAUF

Die Strophen können sich optional mit einem Zwischenspiel (= Intro) abwechseln. Für gemeinsames Musizieren von Klavier und Ensemble, im Klavier alternatives Intro bzw. Zwischenspiel T. 25–32 spielen.

Tutti Frutti (Elvis Presley)

PATTERN 1 FÜR KLAVIER

Musik: Richard Penniman,
Dorothy Labostrie, Joe Lubin
Arr.: Stefan Bauer

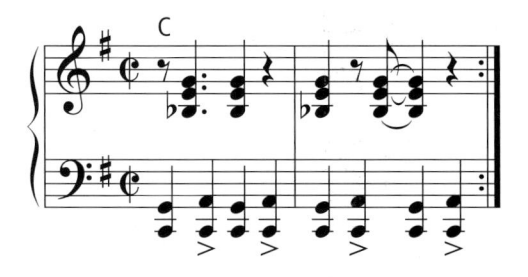

Bright Rock 'n' Roll Tempo

Dieses Begleitpattern entstammt einer Spielweise des Blues und wird im Klavierpart des Rock 'n' Roll oft verwendet. Zu beachten ist der Drive, der durch die Akzente auf den Zählzeiten 2 und 4 entsteht.

PATTERN 2 FÜR KLAVIER

Bright Rock 'n' Roll Tempo

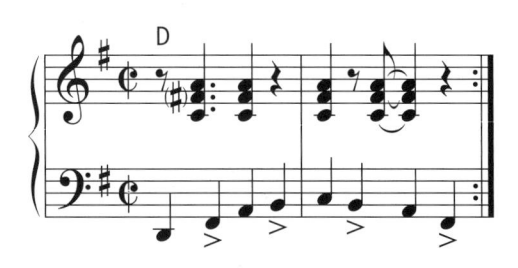

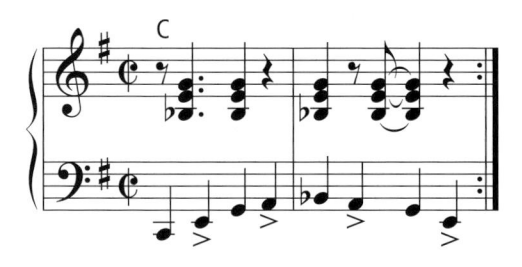

Pattern 2 übernimmt im Wesentlichen die Basslinie des Originals. Auch hier sind die Akzente wichtig.

TIPP ZUR BESETZUNG

Der Klaviersatz kann auch instrumental besetzt werden (Violinschlüssel: 3 Melodie-Instrumente; Bass-Schlüssel: E-Bass)

ABLAUF

In den Takten 1, 2, 13, 14 und 23–26 wird der Begleitgroove ausgesetzt. Hier werden „Stop-times" gespielt. In den jeweiligen Takten wird lediglich ein Akkordschlag auf die 1. Zählzeit gespielt (vgl. auch Original-Aufnahmen).

Walpurgisnacht (Schandmaul)

BEGLEITSATZ FÜR BAND

Text: Birgit Muggenthaler, Martin Duckstein
Musik: Birgit Muggenthaler
Arr.: André Schmidt
© F.A.M.E. Recordings GmbH / Ed. Pop Crash /
Fab Squad Publishing / Songs United Publishing

♩ = 120 **Intro und Zwischenspiel (Ritornell)**

[Notensystem: Gesang, Klavier, E-Bass — Akkorde: Gm, Dm, F, Gm, Dm, Gm]

Verse

1. Der Mond scheint voll und klar, taucht die Welt in bleiches Licht,
Nebel, sonderbar, verschleiern Sein und Sinne. Magisch strahlt der Ort,

[Akkorde: Gm, Gm, B♭, F, Dm, Dm, F, Gm]

HI-S5869 · POPULARMUSIK IM KONTEXT

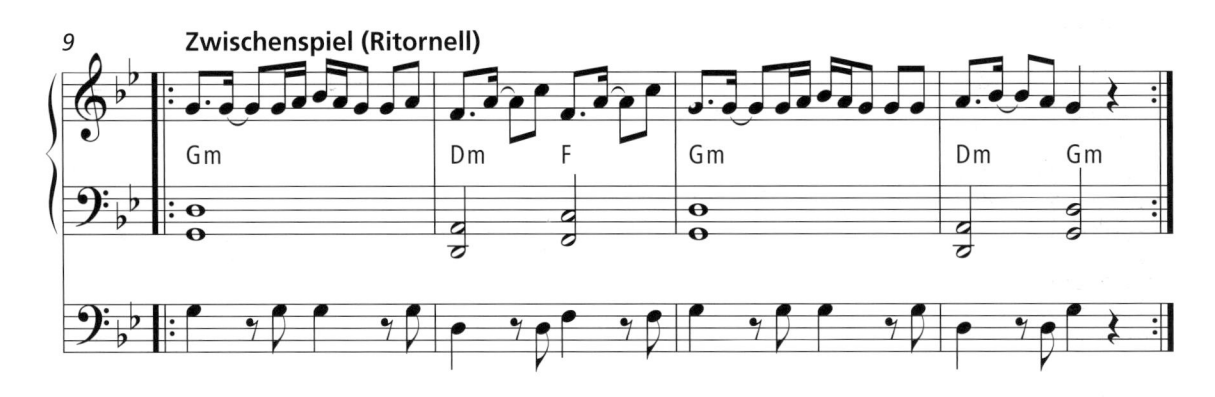

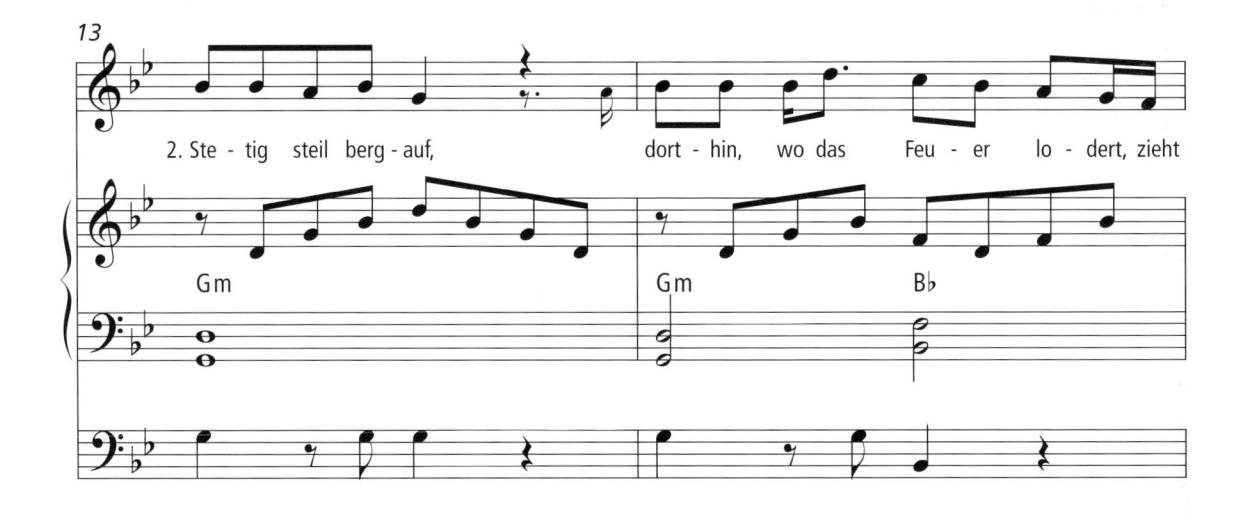

Walpurgisnacht

zieht uns an mit sei-ner Macht: Ich muss fort, es ist Wal-pur-gis-nacht.

Zwischenspiel (Ritornell)

2. Ste-tig steil berg-auf, dort-hin, wo das Feu-er lo-dert, zieht

Walpurgisnacht

15
uns in ih-ren Bann der Gott-heit wil-de Meu-te. Nah an der Feu-ers-glut, ver-

F | Dm | Dm | F | Gm

18
schmel-zen wir zu ei-nem Kör-per, wer-den eins mit der Wal-pur-gis-nacht.

Gm | B♭ | F | Gm

21 Chorus
Rund-he-rum um's hel-le Feu-er, rund-he-rum im wil-den Tanz,

Gm | Am

Walpurgisnacht

23 krei - sen Kör - per, Geis - ter, Bli - cke be - rüh - ren sich im Flu - ge!

Bb | F

25 rüh - ren sich im Flu - ge! Rund-he-rum um's hel-le Feu-er, rund-he-rum im wil-den Tanz,

F | Gm | Dm

28 krei - sen Kör - per, Geis - ter, Bli - cke be - rüh - ren sich im Flu - ge! rüh - ren sich im Flu - ge!

Bb | F | F

D.C. 2.× al Fine

Walpurgisnacht

PATTERN FÜR DRUMSET

Intro, Zwischenspiel und Chorus

Verse

Zwischenspiel vor letztem Chorus (optional)

E-BASS-GRIFFTABELLE

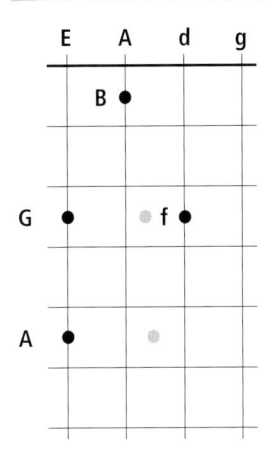

> **TIPPS ZUR BESETZUNG**
> - Der Klavierpart des Begleitsatzes kann auch instrumental besetzt werden (Violinschlüssel: Violine oder Flöte; Bass-Schlüssel: 2 Bass-Instrumente z. B. Violoncello oder Kontrabass).
> - Die Melodie kann entsprechend von einem Soloinstrument übernommen werden.
> - Drumset: Die Patterns (Rhythmustypen) können von einem geübten Schlagzeuger allein gespielt werden. Alternativ können sie auf 2–3 Spieler aufgeteilt bzw. durch andere Instrumente ersetzt werden, z. B. Hi-Hat: Schellenkranz; Snare-Drum: Claves; Bass-Drum: Handtrommel mit Schlägel. Bei dieser Instrumentation ergibt sich ein „mittelalterlicher" Klang-Effekt.

White Christmas (Bing Crosby)

BEGLEITSATZ FÜR KLAVIER

Text und Musik: Irving Berlin
© Irving Berlin Inc. N.Y. /
Warner Chappell Intern. Music Publ., London /
Für D: Chappell & Co. GmbH & Co. KG, Hamburg

White Christmas

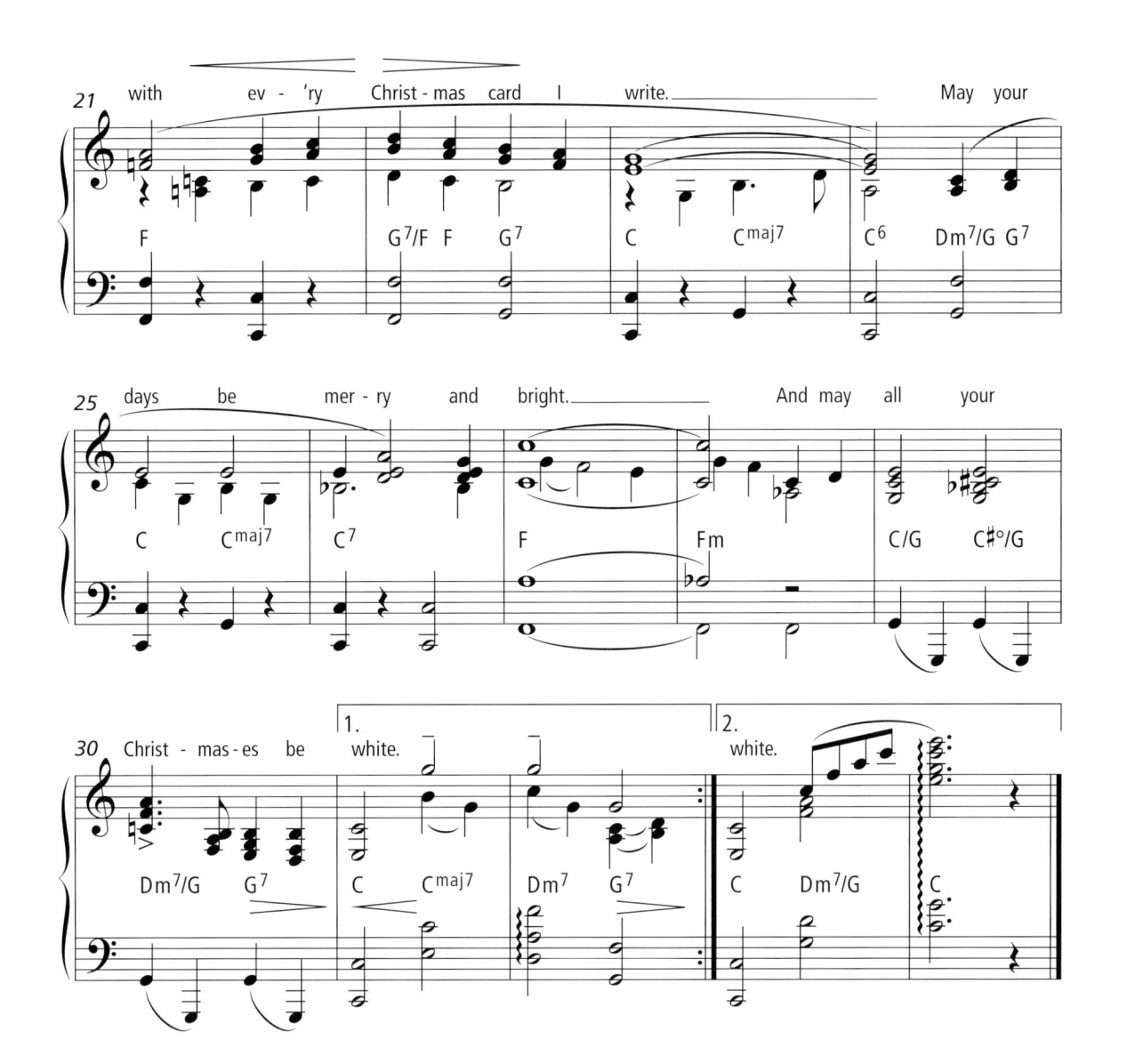

Who Wants to Live Forever (Queen)

BEGLEITSATZ FÜR STREICHQUARTETT

Musik: Brian May
Transkr.: André Schmidt
© Queen Music Ltd., London /
EMI Music Publishing GmbH, Hamburg

Who Wants to Live Forever

Who Wants to Live Forever

Who Wants to Live Forever

Who Wants to Live Forever

BEGLEITSATZ FÜR KLAVIER

Text und Musik: Brian May
Transkr.: André Schmidt
© Queen Music Ltd., London /
EMI Music Publishing GmbH, Hamburg

Who Wants to Live Forever

Who Wants to Live Forever

Wochenend und Sonnenschein (Comedian Harmonists)

BEGLEITSATZ FÜR KLAVIER

Text: Charles Amberg
Musik: Milton Ager
Transkr.: Stefan Bauer
© Ager, Yellen & Bornstein Inc. NY. /
EMI Music Publishing GmbH, Hamburg

Wochenend und Sonnenschein

Wochenend und Sonnenschein

(ossia: vgl. T. 24)

D.S. al Fine

BEGLEITSATZ FÜR MELODIE-INSTRUMENTE ODER VOKALENSEMBLE

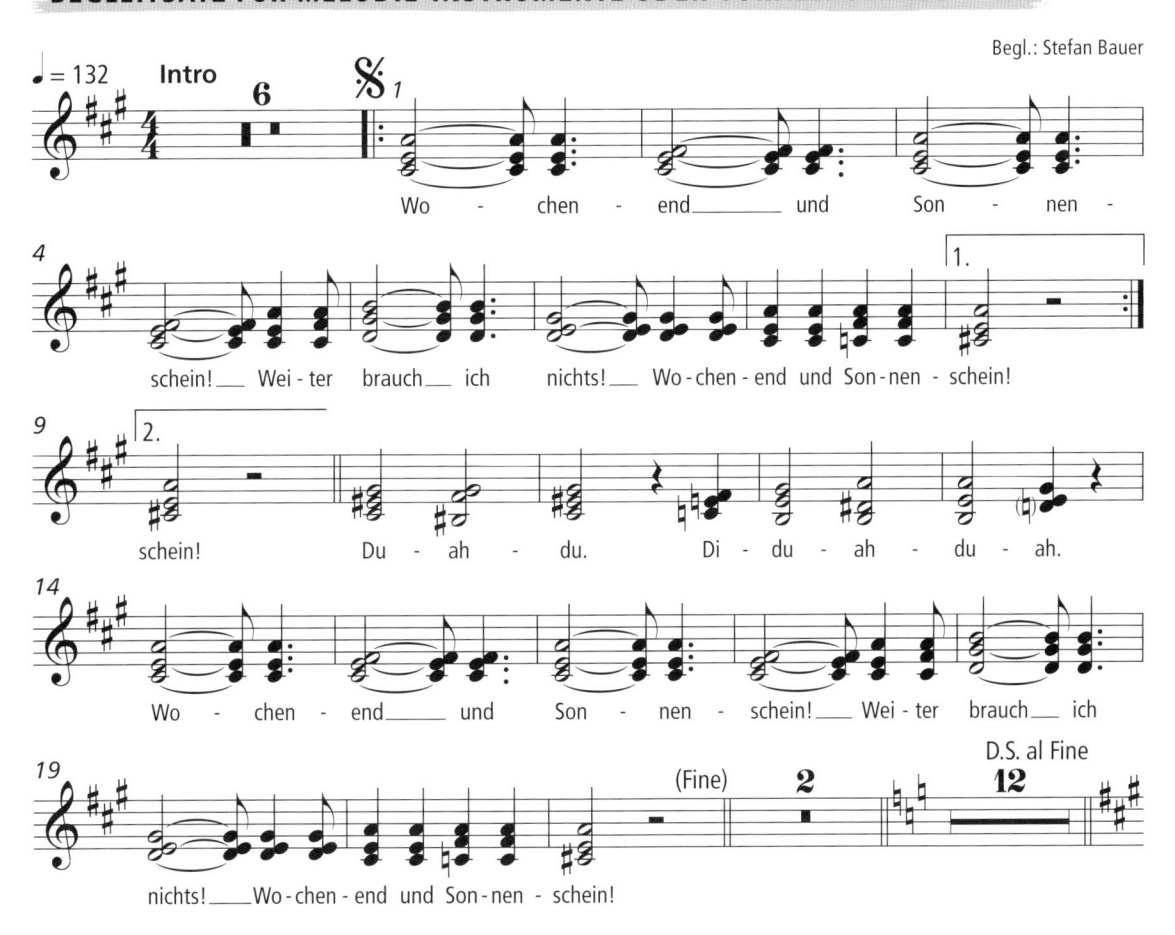

Begl.: Stefan Bauer

TIPP ZUR BESETZUNG

Der Klaviersatz kann mit Streichquartett oder Vokalquartett aufgeführt werden. Das obere System (Violinschlüssel) mit Violine I und II besetzen; das untere System (Bassschlüssel) mit Viola und Violoncello besetzen.

Anhang

Akkorde mit Grifftabelle für Gitarre

Verzeichnis der Akkorde in Spielbuch und Schülerband
(Zur Schreibweise und zu Slash-Akkorden s. S. 8)

Anhang

Anhang

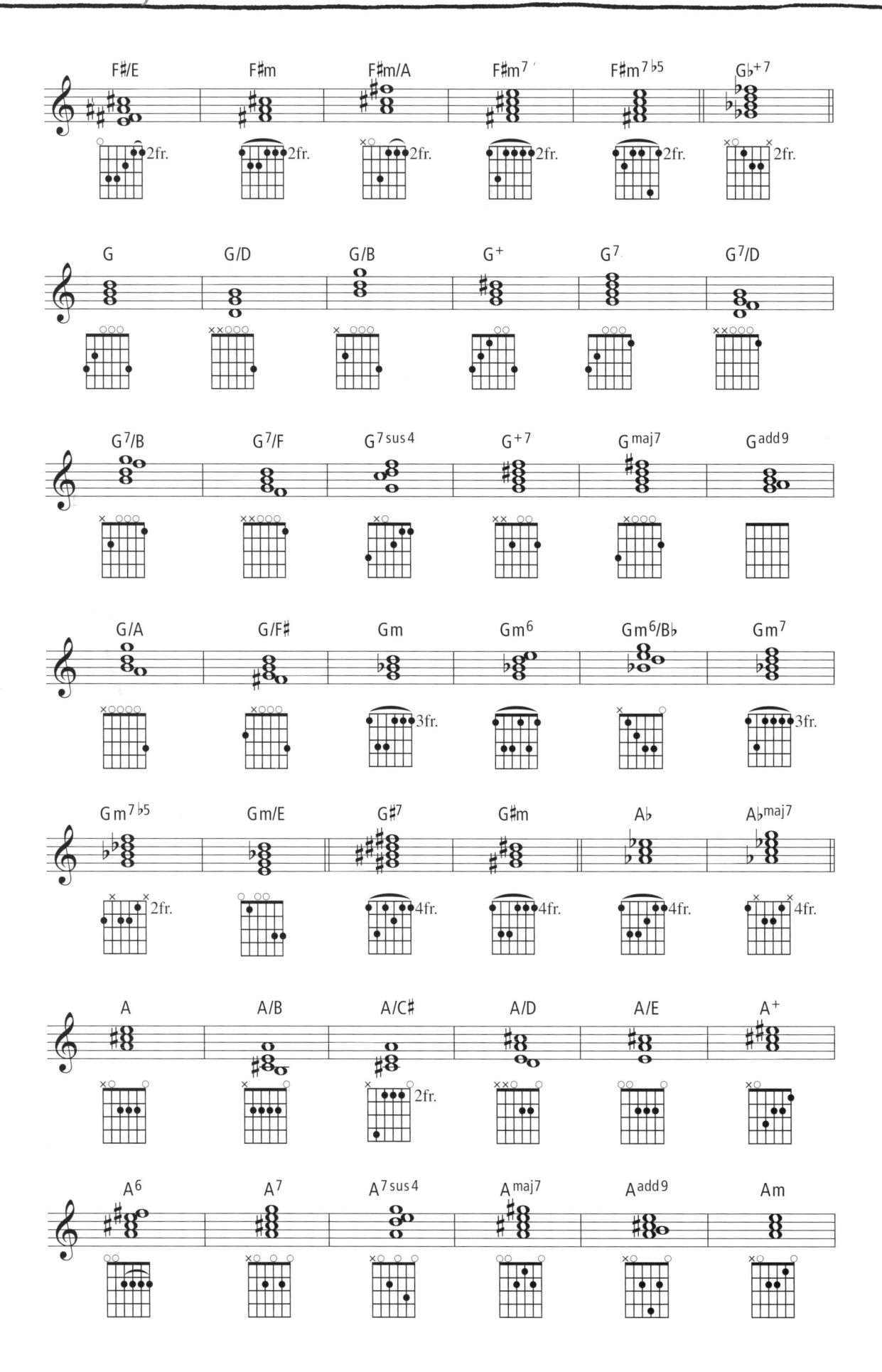

Anhang

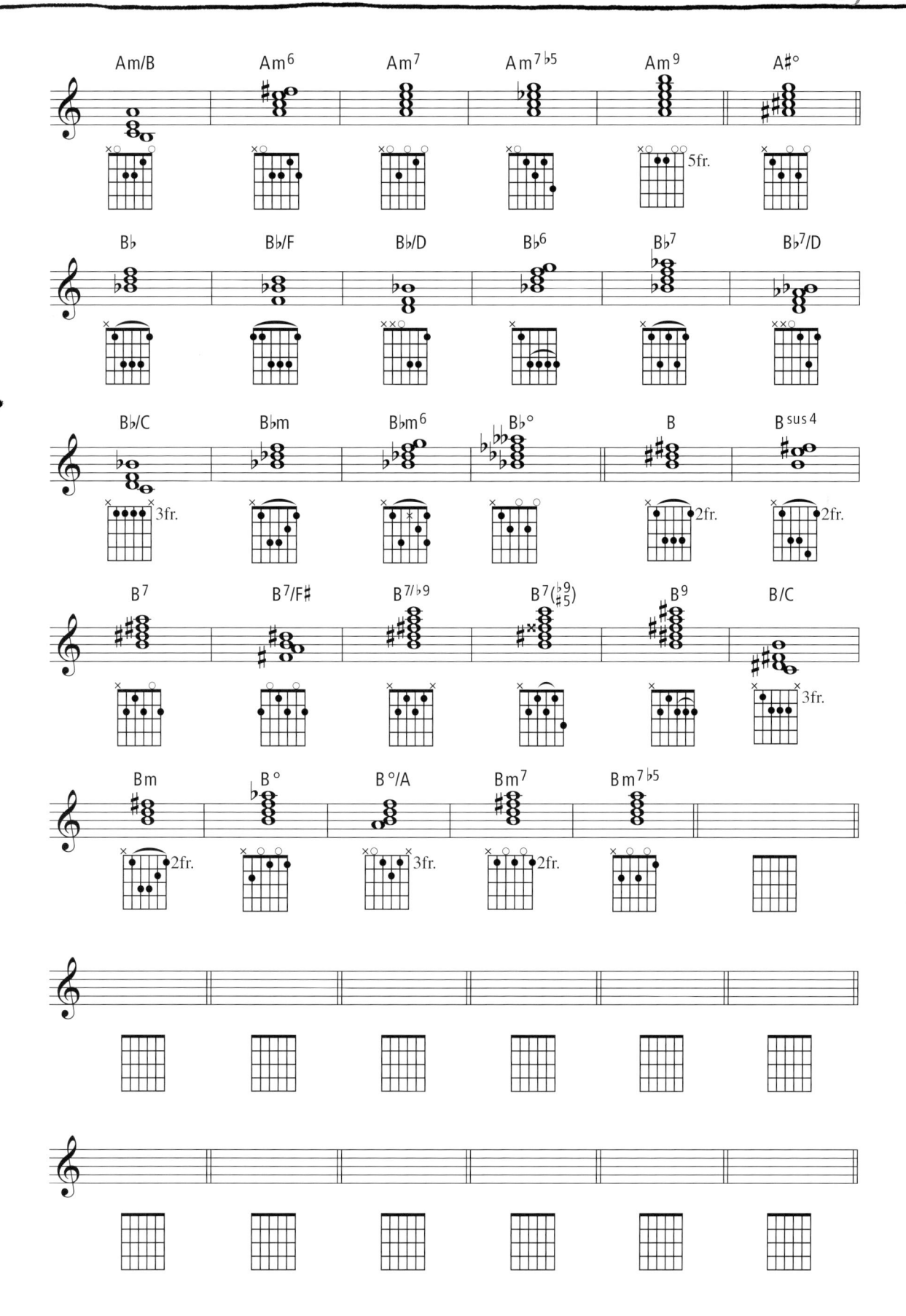

Anhang

Verzeichnis der Arrangements nach Besetzung

ARRANGEMENTS FÜR KLAVIER

	Spielbuch	Schülerband
Africa Unite (Begleitmodell)	12	108
Aquarela do Brasil (Begleitsatz)	14	10
Banana Boat Song (Begleitpattern)	16	36
Beat It (Begleitsatz und Begleitmodell)	41	117
Being for the Benefit of Mr. Kite (Begleitsatz)	22	66
Capri-Fischer (Begleitsatz)	26	26
Containerlied (Begleitsatz)	30	162
Daniel (Begleitsatz)	34	92
Deutschland (Begleitsatz)	38	164
Griechischer Wein (Begleitsatz)	54	98
I Wanna Hold Your Hand (Begleitsatz)	57	54
La Bohéme (Begleitsatz)	59	57
La vie en rose (Begleitsatz)	62	23
Lili Marleen (Begleitsatz)	64	14
Love Me Tender (Begleitsatz)	69	40
Material Girl (Begleitsatz)	66	124
Minstrel Boy (Begleitsatz)	72	88
My Way (Begleitmodelle)	74	74
Nathalie aus Leningrad (Begleitsatz)	75	138
Paint it Black (Begleitsatz)	78	62
Proud Mary (Pattern)	80	78
San Francisco (Begleitmodell)	85	69
Saturday Night (Begleitsatz und Begleitmodell)	82	20
School Days (Begleitsatz)	86	43
Star-Spangled Banner (Begleitsatz)	89	81
The Ghost of Tom Joad (Begleitsatz)	90	146
This Little Girl of Mine (Begleitsatz)	92	30
This Town Is Not for Me (Begleitsatz)	94	48
Tutti Frutti (Pattern)	100	33
White Christmas (Begleitsatz)	106	17
Who Wants to Live Forever (Begleitsatz)	112	128
Wochenend und Sonnenschein (Begleitsatz)	115	6

Anhang

ARRANGEMENTS FÜR ENSEMBLE, BAND ODER WEITERE INSTRUMENTE

	Spielbuch	Schülerband
Across the Universe (The Beatles) Begleitmodell für Band, Begleitsatz für Melodie-Instrumente oder vokale Stimmen (dazu 3. Stimme im Bratschen-Schlüssel)	9	84
Africa Unite (Bob Marley) Begleitmodell für Klavier (optional Melodie-Instrumente und Bass), Rhythmus-Pattern für Band, E-Bass-Grifftabelle, Begleitsatz für Stabspiele	12	108
Aquarela do Brasil (Francisco Alves) Begleitsatz für Klavier (und Bass optional), Pattern für Percussion	14	10
Banana Boat Song (Harry Belafonte) Pattern E-Bass für jedermann, Begleitsatz für Melodie-Instrumente oder vokale Stimmen (dazu 3. Stimme im Bratschen-Schlüssel)	16	36
Beat It (Michael Jackson) Pattern für Body-Percussion oder Vocussion, Begleitmodell für Klavier (optional Melodie-Instrumente und Bass)	41	117
Being for the Benefit of Mr. Kite (The Beatles) Begleitsatz für Band, Pattern für Drumset, E-Bass-Grifftabelle	24	66
Dance for Eternity (DJ Kai Tracid) Spielmodell für Ensemble (Einzelstimmen und Partitur), E-Bass-Grifftabelle	32	154
Die Roboter (Kraftwerk) Spielmodell für Ensemble (Einzelstimmen und Partitur)	44	102
Don't Look Back in Anger (Oasis) Begleitsatz für Melodie-Instrumente oder Streichquartett (dazu 3. Stimme im Bratschen-Schlüssel), Begleitmodell für Band, Pattern für Drumset, E-Bass-Grifftabelle	46	142
Green Onions (Booker T. & The MG's) Spielmodell für Band, Skala zur Improvisation (Blues-Skala in A), Gitarren-Grifftabelle, E-Bass-Grifftabelle, Beispiel für die Entwicklung einer Improvisation, Improvisationsanregung für ein Soloinstrument in C und in Es (Alt-Saxofon)	50	51
Hells Bells (AC/DC) Spielmodell für Band	56	114
I Wanna Hold Your Hand (The Beatles) Begleitsatz für Klavier (optional Melodie-Instrumente und Bass), Schlagpattern für Gitarre, Begleitmodell (gezupft) für Gitarre, Begleitmodell für E-Bass, Pattern für Drumset, Pattern für Bodypercussion oder Vocussion, E-Bass-Grifftabelle	57	54
Juan Pachanga (Rubén Blades) Pattern für Percussion	37	104
Love Me Tender (Elvis Presley) Begleitsatz für Melodie-Instrumente oder vokale Stimmen, Begleitstimme E-Bass für jedermann	70	40

Anhang

	Spiel-buch	Schüler-band

Material Girl (Madonna)
Pattern für Vocussion 65   124

Proud Mary (Creedence Clearwater Revival)
Begleitsatz für Keyboard (oder 3 Melodie-Instrumente), Schlagpattern für Gitarre,
Begleitmodell für E-Bass, Pattern für Drumset, Begleitsatz für Stabspiele 80   78

San Francisco (Scott McKenzie)
Begleitmodell für E-Bass 85   69

School Days (Chuck Berry)
Pattern für E-Bass, Begleitpattern für Melodie-Instrumente, Pattern für Drumset,
Begleitstimme E-Bass für jedermann 86   43

This Little Girl of Mine
Pattern für Drumset, E-Bass-Grifftabelle 93   30

This Town Is Not for Me (Johnny Cash)
Begleitsatz für Ensemble (Violine, E-Gitarre und Bass-Gitarre),
Begleitsatz für 2 Melodie-Instrumente, Pattern für Drumset 96   48

Walpurgisnacht (Schandmaul)
Begleitsatz für Band, Pattern für Drumset, E-Bass-Grifftabelle 101 168

Who Wants to Live Forever (Queen)
Begleitsatz für Streichquartett 108 128

Wochenend und Sonnenschein
Begleitsatz für Melodie-Instrumente oder Vokalensemble. 117 6